드림중국어 YCT 3급 실전 모의고사

梦想中国语 YCT 3级 实战模拟考试

드림중국어 YCT 3급 실전 모의고사

梦想中国语 YCT 3级 实战模拟考试

종이책 최신판 발행 2023년 08월 08일
전자책 최신판 발행 2023년 08월 08일

편저:	류환
발행처:	드림중국어
주소:	인천 서구 청라루비로 93, 7층
전화:	032-567-6880
이멜:	5676888@naver.com
등록번호:	654-93-00416
등록일자:	2016년 12월 25일
종이책 ISBN:	979-11-93243-25-1 (13720)
전자책 ISBN:	979-11-93243-34-3 (15720)
값:	38,800원

이 책은 저작권법에 따라 보호 받는 저작물이므로 무단 복제나 사용은 금지합니다. 이 책의 내용을 이용하거나 인용하려면 반드시 저작권자 드림중국어의 서면 동의를 받아야 합니다. 잘못된 책은 교환해 드립니다.

<MP3 파일 & 시험 답안 무료 다운!>

이 책에 관련된 모든 MP3와 시험 답안은 드림중국어 카페(http://cafe.naver.com/dream2088)를 회원 가입 후에 <교재 MP3 무료 다운>에서 무료로 다운 받으실 수 있습니다.

MP3 파일 다운로드 주소:		https://cafe.naver.com/dream2088/3817

시험 답안 다운로드 주소:		https://cafe.naver.com/dream2088/3818

〈목 록〉

〈YCT 3급 실전 모의 고사 1〉 1

〈YCT 3급 실전 모의 고사 2〉 18

〈YCT 3급 실전 모의 고사 3〉 35

〈YCT 3급 실전 모의 고사 4〉 52

〈YCT 3급 실전 모의 고사 5〉 69

〈YCT 3급 실전 모의 고사 6〉 86

〈YCT 3급 실전 모의 고사 7〉 103

〈YCT 3급 실전 모의 고사 8〉 120

〈YCT 3급 실전 모의 고사 1〉 본문 및 해석 137

〈YCT 3급 실전 모의 고사 2〉 본문 및 해석 140

〈YCT 3급 실전 모의 고사 3〉 본문 및 해석 143

〈YCT 3급 실전 모의 고사 4〉 본문 및 해석 146

〈YCT 3급 실전 모의 고사 5〉 본문 및 해석 149

〈YCT 3급 실전 모의 고사 6〉 본문 및 해석 152

〈YCT 3급 실전 모의 고사 7〉 본문 및 해석 155

〈YCT 3급 실전 모의 고사 8〉 본문 및 해석 158

음성 파일 및 시험 답안 다운로드 161

드림중국어 시리즈 교재 163

梦想中国语 模拟考试

新中小学生汉语考试

YCT （三级）1

注　意

一、YCT （三级）分两部分：

　　1. 听力（35 题，约 20 分钟）

　　2. 阅读（25 题，共 25 分钟）

二、答案先写在试卷上，最后 5 分钟再写在答题卡上。

三、全部考试约 55 分钟（含考生填写个人信息时间 5 分钟）。

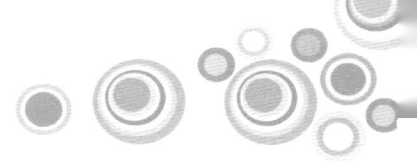

一、听力

第一部分

第 1-10 题

例如：	(西瓜图片)	×
	(老虎图片)	√
1.	(礼物图片)	
2.	(医生图片)	
3.	(泰坦尼克号海报)	
4.	(收音机图片)	

5.		
6.		
7.		
8.		
9.		
10.		

第二部分

第 11-15 题

A		B	
C		D	
E		F	

例如：

男：起床吧。Qǐ chuáng ba.

女：不，我想再睡10分钟。Bù, wǒ xiǎng zài shuì 10 fēn zhōng.

E

11.

12.

13.

14.

15.

第 16-20 题

A

B

C

D

E

16.

17.

18.

19.

20.

第三部分

第 21-30 题

例如： 你怎么了 nǐ zěn me le?

    A 我知道 wǒ zhī dào   B 为什么 wèi shén me   C 没事儿 méi shì er √

21.   A 明天 míng tiān   B 喝果汁 hē guǒ zhī   C 唱歌 chàng gē

22.   A 好的 hǎo de   B 上网 shàng wǎng   C 休息一下 xiū xi yí xià

23.   A 六月 liù yuè   B 星期二 xīng qī èr   C 后天 hòu tiān

24.   A 汉语 hàn yǔ   B 汉字 hàn zì   C 中国人 zhōng guó rén

25.   A 晚上 wǎn shàng   B 两点 liǎng diǎn   C 下午 xià wǔ

26.   A 学校 xué xiào   B 韩国人 hán guó rén   C 小明 xiǎo míng

27. A 走路 zǒu lù   B 两分钟 liǎng fēn zhōng   C 买牛奶 mǎi niú nǎi

28. A 面包 miàn bāo   B 二年级 èr nián jí   C 课桌 kè zhuō

29. A 29天 29 tiān   B 30天 30 tiān   C 31天 31 tiān

30. A 昨天 zuó tiān   B 快乐 kuài lè   C 生病了 shēng bìng le

第四部分

第 31-35 题

例如：男：今天几号了 Jīn tiān jǐ hào le?

女：今天三号 Jīn tiān sān hào，明天就是你的生日 míng tiān jiù shì nǐ de shēng rì。

问：哪天是他的生日 Nǎ tiān shì tā de shēng rì?

　　A　三号 sān hào　　　B　4号 sì hào ✓　　　C　今天 jīn tiān

31.　A　七月 qī yuè　　　B　八月 bā yuè　　　C　九月 jiǔ yuè

32.　A　买东西 mǎi dōng xi　　　B　吃饭 chī fàn　　　C　生病 shēng bìng

33.　A　红色 hóng sè　　　B　黄色 huáng sè　　　C　绿色 lǜ sè

34.　A　火车站 huǒ chē zhàn　　　B　汽车站 qì chē zhàn　　　C　飞机场 fēi jī chǎng

35.　A　书包 shū bāo　　　B　椅子 yǐ zi　　　C　桌子 zhuō zi

二、阅读

第一部分

第 36-40 题

A		B	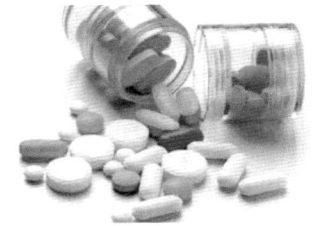
C		D	
E		F	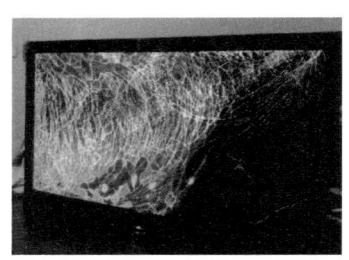

例如：	A：你没有脚吗？ Nǐ méi yǒu jiǎo ma? B：是的，我没有脚，但是我可以走。 Shì de, wǒ méi yǒu jiǎo, dàn shì wǒ kě yǐ zǒu.	D
36.	A：你为什么没买那个书包？ Nǐ wèi shén me méi mǎi nà gè shū bāo?	

	B: 我不喜欢那个样子的。 Wǒ bù xǐ huān nà gè yàng zi de.	
37.	A: 您好，可以不要打电话了吗？ Nín hǎo, kě yǐ bú yào dǎ diàn huà le ma? B: 好的。 Hǎo de.	☐
38.	A: 爸爸，我的小狗呢？ Bà ba, wǒ de xiǎo gǒu ne? B: 别说话，它在那儿睡觉呢。 Bié shuō huà, tā zài nà er shuì jiào ne.	☐
39.	A: 你怎么了？怎么这么不开心？ Nǐ zěn me le? Zěn me zhè me bù kāi xīn? B: 家里的电视坏了，我想看的节目今天看不了了。 Jiā lǐ de diàn shì huài le, wǒ xiǎng kàn de jié mù jīn tiān kàn bù liǎo le.	☐
40.	A: 我有点不舒服。 Wǒ yǒu diǎn bù shū fu. B: 快过来把药吃了吧。 Kuài guò lái bǎ yào chī le ba.	☐

第二部分

第 41-45 题

例如：

A 你走得太快。Nǐ zǒu de tài kuài.

B 我今年三年级了。Wǒ jīn nián sān nián jí le.

C 现在给奶奶打个电话。Xiàn zài gěi nǎi nai dǎ gè diàn huà. √

41.

A 我刚从车站回来。Wǒ gāng cóng chē zhàn huí lái.

B 他刚到教室。Tā gāng dào jiào shì.

C 我们正在上学的路上。Wǒ men zhèng zài shàng xué de lù shàng.

42.

A. 不要摘玫瑰花。Bú yào zhāi méi guī huā.

B. 这瓶果汁是谁点的？Zhè píng guǒ zhī shì shuí diǎn de?

C. 你的自行车呢？Nǐ de zì xíng chē ne?

43.
A. 我今年三年级了。Wǒ jīn nián sān nián jí le.

B. 狗狗睡着了。Gǒu gǒu shuì zhao le.

C. 这根香蕉真好吃。Zhè gēn xiāng jiāo zhēn hǎo chī.

44.
A. 你的房间是哪一个？Nǐ de fáng jiān shì nǎ yí gè?

B. 进来吧。Jìn lái ba.

C. 请坐。Qǐng zuò.

45.
A. 把我的铅笔给我吧。Bǎ wǒ de qiān bǐ gěi wǒ ba.

B. 不用谢。Bú yòng xiè.

C. 谢谢你的帮忙。Xiè xie nǐ de bāng máng.

第三部分

第 46-50 题

例如：女：这本书是谁的 zhè běn shū shì shuí de?

男：（ C ）。

A 在家里 zài jiā lǐ   B 没意思 méi yì si   C 我朋友的 wǒ péng yǒu de

46. 男：熊猫有几只眼睛 xióng māo yǒu jǐ zhī yǎn jīng?

女：（　　）。

A 两双 liǎng shuāng   B 两只 liǎng zhī   C 两口 liǎng kǒu

47. 女：先生 xiān shēng, 谢谢您的帮助 xiè xiè nín de bāng zhù。

男：（　　）。

A 都可以 dōu kě yǐ   B 不用谢 bú yòng xiè   C 欢迎光临 huān yíng guāng lín

48. 男：你看到我新买的裤子了吗 nǐ kàn dào wǒ xīn mǎi de kù zi le ma？

    女：（   ）。

    A 没有 méi yǒu　　　B 在椅子上 zài yǐ zi shàng　　　C 不见了 bú jiàn le

49. 女：牛奶和果汁 niú nǎi hé guǒ zhī，你想喝哪个 nǐ xiǎng hē nǎ ge？

    男：（   ）。

    A 没关系 méi guān xi　　　B 都可以 dōu kě yǐ　　　C 一个 yí gè

50. 男：医院离这里远吗 yī yuàn lí zhè lǐ yuǎn ma？

    女：（   ）。

    A 不远 bù yuǎn　　　B 可以 kě yǐ　　　C 很少 hěn shǎo

第四部分

第 51-60 题

例如：女：你喜欢什么（ A ） nǐ xǐ huān shén me（   ）？

男：我喜欢踢足球 wǒ xǐ huān tī zú qiú，也喜欢打篮球 yě xǐ huān dǎ lán qiú.

    A 运动 yùn dòng   B 电影 diàn yǐng   C 颜色 yán sè

51. 男：你喜欢什么 nǐ xǐ huān shén me（   ）？

    女：我喜欢饺子 wǒ xǐ huān jiǎo zi，包子我也喜欢 bāo zi wǒ yě xǐ huān。

    A 食物 shí wù   B 运动 yùn dòng   C 电影 diàn yǐng

52. 女：你吃香蕉吗 nǐ chī xiāng jiāo ma？

    男：不了 bù le，我不 wǒ bú（   ）。

    A 冷 lěng   B 饿 è   C 饱 bǎo

53. 男：（   ）穿点衣服 chuān diǎn yī fu，外面下雨了 wài miàn xià yǔ le，降温了 jiàng wēn le。

    女：好的 hǎo de。

  A　多 duō　　　　B　少 shǎo　　　　　C　别 bié

54.　女：这个动物的名字是什么啊 zhè ge dòng wù de míng zi shì shén me a？

  男：它 tā（　　）猴子 hóu zi。

  A　出 chū　　　　B　看 kàn　　　　　C　是 shì

55.　男：你找得到车站吗 nǐ zhǎo de dào chē zhàn ma？

  女：当然 dāng rán，出门 chū mén（　　）转是吧 zhuǎn shì ba？

  A　是 shì　　　　B　左 zuǒ　　　　　C　往 wǎng

56.　女：等会要下雨了 děng huì yào xià yǔ le，你 nǐ（　　）出去打篮球了 chū qù dǎ lán qiú le。

  男：我出去看看 wǒ chū qù kàn kàn。

  A　不 bù　　　　B　别 bié　　　　　C　没 méi

57.　男：我要出去买喝的 wǒ yào chū qù mǎi hē de，要帮你带点什么吗 yào bāng nǐ dài diǎn shén me ma？

  女：帮我带两瓶 bāng wǒ dài liǎng píng（　　）吧 ba，谢谢啦 xiè xiè la。

A 牛奶 niú nǎi B 西瓜 xī guā C 面条 miàn tiáo

58. 女：你前年是怎么去北京的 nǐ qián nián shì zěn me qù běi jīng de？

男：我是 wǒ shì（　　）飞机去的 fēi jī qù de。

A 作 zuò B 做 zuò C 坐 zuò

59. 男：生日 shēng rì（　　）！

女：谢谢你送给我的礼物 xiè xiè nǐ sòng gěi wǒ de lǐ wù！

A 快乐 kuài lè B 可爱 kě ài C 满意 mǎn yì

60. 女：昨天晚上你没看见他吗 zuó tiān wǎn shàng nǐ méi kàn jiàn tā ma？

男：他皮肤太 tā pí fū tài（　　）了 le，我也不知道有没有看见他 wǒ yě bù zhī dào yǒu méi yǒu kàn jiàn tā。

A 白 bái B 差 chà C 黑 hēi

新中小学生汉语考试

YCT （三级）2

注　意

一、YCT （三级）分两部分：

1. 听力（35 题，约 20 分钟）

2. 阅读（25 题，共 25 分钟）

二、答案先写在试卷上，最后 5 分钟再写在答题卡上。

三、全部考试约 55 分钟（含考生填写个人信息时间 5 分钟）。

一、听力

第一部分

第 1-10 题

例如：		×
		√
1.		
2.		
3.		
4.		

5.		
6.		
7.		
8.		
9.		
10.		

第二部分

第 11-15 题

 A

 B

 C

 D

 E

 F

例如：
男：起床吧。Qǐ chuáng ba.
女：不，我想再睡10分钟。Bù, wǒ xiǎng zài shuì 10 fēn zhōng.

E

11.

12.

13.

14.

15.

第 16-20 题

A

B

C

D

E

16. ☐

17. ☐

18. ☐

19. ☐

20. ☐

第三部分

第 21-30 题

例如： 你怎么了 nǐ zěn me le?

    A 我知道 wǒ zhī dào   B 为什么 wèi shén me   C 没事儿 méi shì er √

21.   A 今天 jīn tiān   B 面包 miàn bāo   C 我不太想吃 wǒ bú tài xiǎng ch

22.   A 茶 chá   B 小明 xiǎo míng   C 二年级 èr nián jí

23.   A 没关系 méi guān xì   B 左边 zuǒ biān   C 好的 hǎo de

24.   A 关了 guān le   B 可以 kě yǐ   C 不好 bù hǎo

25.   A 房间里 fáng jiān lǐ   B 左边 zuǒ biān   C 明天 míng tiān

26.   A 五月 wǔ yuè   B 五号 wǔ hào   C 星期五 xīng qī wǔ

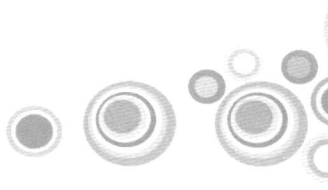

27. A 没问题 méi wèn tí   B 没关系 méi guān xì   C 谢谢 xiè xiè

28. A 熊猫 xióng māo   B 猫 māo   C 面包 miàn bāo

29. A 黑色 hēi sè   B 去年 qù nián   C 明天 míng tiān

30. A 下个月 xià gè yuè   B 今天 jīn tiān   C 下午五点 xià wǔ wǔ diǎn

第四部分

第 31-35 题

例如：男：今天几号了 Jīn tiān jǐ hào le?

女：今天三号 Jīn tiān sān hào，明天就是你的生日 míng tiān jiù shì nǐ de shēng rì。

问：哪天是他的生日 Nǎ tiān shì tā de shēng rì?

  A 三号 sān hào   B 4号 sì hào √   C 今天 jīn tiān

31. A 车坏了 chē huài le   B 不想去 bù xiǎng qù   C 起晚了 qǐ wǎn le

32. A 打篮球 dǎ lán qiú   B 游泳 yóu yǒng   C 踢足球 tī zú qiú

33. A 二号 èr hào   B 三号 sān hào   C 四号 sì hào

34. A 书包 shū bāo   B 电视 diàn shì   C 电脑 diàn nǎo

35. A 晴天 qíng tiān   B 阴天 yīn tiān   C 下雨 xià yǔ

二、阅读

第一部分

第 36-40 题

A

B

C

D

E

F

例如：

A：你没有脚吗？

Nǐ méi yǒu jiǎo ma?

B：是的，我没有脚，但是我可以走。

Shì de, wǒ méi yǒu jiǎo, dàn shì wǒ kě yǐ zǒu.

F

梦想中国语 模拟考试

36.
A: 这本书是谁的？
Zhè běn shū shì shéi de?

B: 是我的，我昨天刚买的。
Shì wǒ de, wǒ zuó tiān gāng mǎi de.

37.
A: 你知道熊猫的耳朵是什么颜色的吗？
Nǐ zhī dào xióng māo de ěr duǒ shì shén me yán sè de ma?

B: 是黑色的。
Shì hēi sè de.

38.
A: 你去年怎么出国玩的？
Nǐ qù nián zěn me chū guó wán de?

B: 我坐飞机去的。
Wǒ zuò fēi jī qù de.

39.
A: 米饭和面包，你中午要吃哪个？
Mǐ fàn hé miàn bāo, nǐ zhōng wǔ yào chī nǎ ge?

B: 我想吃面包。
Wǒ xiǎng chī miàn bāo.

40.
A: 老师，这道题我有点不懂，可以再给我讲一下吗？
Lǎo shī, zhè dào tí wǒ yǒu diǎn bù dǒng, kě yǐ zài gěi wǒ jiǎng yí xià ma?

B: 好的。Hǎo de.

第二部分

第 41-45 题

例如：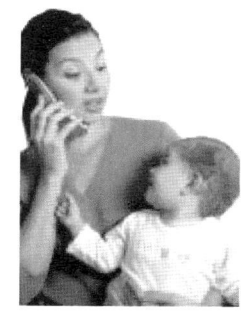

A 你走得太快。Nǐ zǒu de tài kuài.

B 我今年三年级了。Wǒ jīn nián sān nián jí le.

C 现在给奶奶打个电话。Xiàn zài gěi nǎi nai dǎ gè diàn huà. √

41.

A 不要说话。Bú yào shuō huà.

B 她哭出来了。Tā kū chū lái le.

C 他笑得很开心。Tā xiào de hěn kāi xīn.

42.

A 裤子有点长了。Kù zi yǒu diǎn cháng le.

B 裙子有点大。Qún zi yǒu diǎn dà.

C 我们走慢点吧。Wǒ men zǒu màn diǎn ba.

43.
A 太好了，我终于瘦了。Tài hǎo le, wǒ zhōng yú shòu le.

B 我最近胖了一点。Wǒ zuì jìn pàng le yī diǎn.

C 这瓶牛奶是谁点的？Zhè píng niú nǎi shì shéi diǎn de?

44.
A 她心情不太好。Tā xīn qíng bú tài hǎo.

B 我的脚扭伤了。Wǒ de jiǎo niǔ shāng le.

C 你的钢笔呢？Nǐ de gāng bǐ ne?

45.
A 她很喜欢游泳。Tā hěn xǐ huān yóu yǒng.

B 约好下课去打篮球。Yuē hǎo xià kè qù dǎ lán qiú.

C 他不喜欢踢足球。Tā bù xǐ huān tī zú qiú.

第三部分

第 46-50 题

例如：女：这本书是谁的 zhè běn shū shì shéi de?

男：(C)。

　　A 在家里 zài jiā lǐ　　B 没意思 méi yì si　　C 我朋友的 wǒ péng yǒu de

46. 女： 我家电视坏了 wǒ jiā diàn shì huài le, 你可以帮我看看吗 nǐ kě yǐ bāng wǒ kàn kàn ma?

　　男：(　　)。

　　A 客气了 kè qì le　　B 欢迎你来 huān yíng nǐ lái　　C 好的 hǎo de

47. 女： 你昨天的作业本上画了什么 nǐ zuó tiān de zuò yè běn shàng huà le shén me?

　　男：(　　)。

　　A 月亮 yuè liàng　　B 黑色 hēi sè　　C 不想 bù xiǎng

48. 女： 这件衣服是谁的 zhè jiàn yī fu shì shéi de?

    男： （　　　）。

    A 绿色的 lǜ sè de　　B 是我的 shì wǒ de　　C 怎么办 zěn me bàn

49. 女： 你们什么时候成为朋友的 nǐ men shén me shí hòu chéng wéi péng yǒu de?

    男： （　　　）。

    A 上个月 shàng gè yuè　　B 一分钟 yī fēn zhōng　　C 很久了 hěn jiǔ le

50. 女： 老虎有几只眼睛 lǎo hǔ yǒu jǐ zhī yǎn jīng?

    男： （　　　）。

    A 两双 liǎng shuāng　　B 两只 liǎng zhī　　C 两口 liǎng kǒu

第四部分

第 51-60 题

例如：女：你喜欢什么（ A ） nǐ xǐ huān shén me？

男：我喜欢踢足球 wǒ xǐ huān tī zú qiú，也喜欢打篮球 yě xǐ huān dǎ lán qiú。

    A 运动 yùn dòng   B 电影 diàn yǐng   C 颜色 yán sè

51. 男：这件衣服真 zhè jiàn yī fu zhēn（ ），这是你的吗？ zhè shì nǐ de ma？

    女：是我的，给我吧 shì wǒ de, gěi wǒ ba。

    A 小 xiǎo   B 高 gāo   C 矮 ǎi

52. 女：我的电脑 wǒ de diàn nǎo（ ）了 le，不能上网 bù néng shàng wǎng，

    可以把你的借给我用一下吗 kě yǐ bǎ nǐ de jiè gěi wǒ yòng yí xià ma？

    男：好的 hǎo de。

    A 好 hǎo   B 差 chà   C 坏 huài

53. 男：不说啦 bù shuō la，我要挂啦 wǒ yào guà la，明天见 míng tiān jiàn。

    女：好的 hǎo de（ ）。

A 快乐 kuài lè B 放心 fàng xīn C 晚安 wǎn ān

54. 女：快点起床 kuài diǎn qǐ chuáng，要迟到了 yào chí dào le。

男：我还想再 wǒ hái xiǎng zài （ ）十分钟 shí fēn zhōng。

A 来 lái B 走 zǒu C 睡 shuì

55. 男：这个蛋糕你是在哪儿 zhè gè dàn gāo nǐ shì zài nǎ er （ ）的 de?

女：是我自己做的 shì wǒ zì jǐ zuò de!

A 卖 mài B 买 mǎi C 送 sòng

56. 女：今天中午我们吃什么 jīn tiān zhōng wǔ wǒ men chī shén me?

男：吃 chī （ ）吧 ba。

A 饱 bǎo B 面包 miàn bāo C 牛奶 niú nǎi

57. 男：你以前来过首尔吗？nǐ yǐ qián lái guò shǒu ěr ma?

女：来过 lái guò，这是我第 zhè shì wǒ dì （ ）次来了 cì lái le。

A 两 liǎng B 二 èr C 坐飞机 zuò fēi jī

58. 女：你怎么没和他们一起去游泳？nǐ zěn me méi hé tā men yī qǐ qù yóu yǒng?

    男：（ ）不好 bù hǎo，活动临时取消了 huó dòng lín shí qǔ xiāo le。

    A 远 yuǎn   B 疼 téng   C 天气 tiān qì

59. 男：你的 nǐ de（ ）怎么红了 zěn me hóng le?

    女：我昨天晚上看书时间长 wǒ zuó tiān wǎn shàng kàn shū shí jiān cháng，

    睡得太迟了。shuì de tài chí le。

    A 手 shǒu   B 眼睛 yǎn jīng   C 头发 tóu fā

60. 女：（ ）下雪了 xià xuě le，太冷了 tài lěng le。

    男：出去的时候记得多穿点衣服。chū qù de shí hou jì de duō chuān diǎn yī fu.

    A 左边 zuǒ biān   B 里面 lǐ miàn   C 外面 wài miàn

新中小学生汉语考试

YCT（三级）3

注 意

一、YCT（三级）分两部分：

1. 听力（35 题，约 20 分钟）

2. 阅读（25 题，共 25 分钟）

二、答案先写在试卷上，最后 5 分钟再写在答题卡上。

三、全部考试约 55 分钟（含考生填写个人信息时间 5 分钟）。

一、听力

第一部分

第 1-10 题

例如：	![watermelon]	×
	![tiger]	√
1.	![glasses]	
2.	![people running]	
3.	![panda]	
4.	![book]	

5.		
6.		
7.		
8.		
9.		
10.		

第二部分

第 11-15 题

A 　　　　B

C 　　　　D

E 　　　　F

例如：男：起床吧。Qǐ chuáng ba.
女：不，我想再睡10分钟。Bù, wǒ xiǎng zài shuì 10 fēn zhōng.　　**E**

11.

12.

13.

14.

15.

第 16-20 题

A

B

C

D

E

16.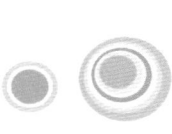

17.

18.

19.

20.

第三部分

第 21-30 题

例如： 你怎么了 nǐ zěn me le?

    A 我知道 wǒ zhī dào   B 为什么 wèi shén me   C 没事儿 méi shìr √

21.   A 飞机 fēi jī   B 走路 zǒu lù   C 跳舞 tiào wǔ

22.   A 没关系 méi guān xi   B 一瓶果汁 yì píng guǒ zhī   C 去商店 qù shāng diàn

23.   A 很高兴 hěn gāo xìng   B 没关系 méi guān xi   C 好，听你的 hǎo, tīng nǐ de

24.   A 饺子 jiǎo zi   B 踢足球 tī zú qiú   C 去动物园 qù dòng wù yuán

25.   A 谢谢 xiè xie   B 不用谢 bú yòng xiè   C 对不起 duì bù qǐ

26.   A 七月 qī yuè   B 七号 qī hào   C 七点 qī diǎn

27.   A 苹果 píng guǒ   B 猴子 hóu zi   C 我弟弟 wǒ dì dì

28. A 没问题 méi wèn tí　　B 有点难 yǒu diǎn nán　　C 不开心 bù kāi xīn

29. A 没有 méi yǒu　　B 欢迎 huān yíng　　C 不客气 bú kè qì

30. A 客气了 kè qì le　　B 写完了 xiě wán le　　C 迟到了 chí dào le

第四部分

第 31-35 题

例如：男：今天几号了 Jīn tiān jǐ hào le？

女：今天三号 Jīn tiān sān hào，明天就是你的生日 míng tiān jiù shì nǐ de shēng rì。

问：哪天是他的生日 Nǎ tiān shì tā de shēng rì？

    A 三号 sān hào   B 4号 sì hào √   C 今天 jīn tiān

31. A 打电话 dǎ diàn huà   B 不知道 bù zhī dào   C 上学 shàng xué

32. A 车站 chē zhàn   B 商店 shāng diàn   C 酒店 jiǔ diàn

33. A 坐公交车 zuò gōng jiāo chē   B 坐飞机 zuò fēi jī   C 骑自行车 qí zì xíng chē

34. A 生病 shēng bìng   B 想睡觉 xiǎng shuì jiào   C 生气了 shēng qì le

35. A 不好 bù hǎo   B 不知道 bù zhī dào   C 很好 hěn hǎo

二、阅读

第一部分

第 36-40 题

A  B

C  D

E  F

例如：

A：你没有脚吗？

Nǐ méi yǒu jiǎo ma?

B：是的，我没有脚，但是我可以走。

Shì de, wǒ méi yǒu jiǎo, dàn shì wǒ kě yǐ zǒu.

F

梦想中国语 模拟考试

36.
A：我妈妈每天下午都要喝一杯茶。
Wǒ mā mā měi tiān xià wǔ dōu yào hē yì bēi chá.
B：这对身体很有好处。
Zhè duì shēn tǐ hěn yǒu hǎo chù.

37.
A：这支钢笔是谁的？真好看。
Zhè zhī gāng bǐ shì shéi de? zhēn hǎo kàn.
B：是我姐姐的。
Shì wǒ jiě jiě de.

38.
A：不要再上网了，你到底什么时候洗澡？
Bú yào zài shàng wǎng le, nǐ dào dǐ shén me shí hòu xǐ zǎo?
B：等会就洗。
Děng huì jiù xǐ.

39.
A：你为什么要把电视关了？我还没看完呢。
Nǐ wèi shé me yào bǎ diàn shì guān le, wǒ hái méi kàn wán ne.
B：太晚了，我们要睡觉了。
Tài wǎn le, wǒ men yào shuì jiào le.

40.
A：等我一下，我把车停到后面去。
Děng wǒ yí xià, wǒ bǎ chē tíng dào hòu miàn qù.
B：好的。 Hǎo de.

第二部分

第 41-45 题

例如：

A 你走得太快。Nǐ zǒu de tài kuài.

B 我今年三年级了。Wǒ jīn nián sān nián jí le.

C 现在给奶奶打个电话。Xiàn zài gěi nǎi nai dǎ gè diàn huà. √

41.

A 把你的书包背好。Bǎ nǐ de shū bāo bēi hǎo.

B 我的桌子坏了。Wǒ de zhuō zi huài le.

C 我的椅子不见了。Wǒ de yǐ zi bú jiàn le.

42.

A 我今年五年级了。Wǒ jīn nián wǔ nián jí le.

B 我觉得太远了。Wǒ jué de tài yuǎn le.

C 我们走去车站吧。Wǒ men zǒu qù chē zhàn ba.

43.

A 给你一根香蕉。Gěi nǐ yì gēn xiāng jiāo.

B 我已经把蛋糕吃完了。Wǒ yǐ jīng bǎ dàn gāo chī wán le.

C 让我再思考一下。Ràng wǒ zài sī kǎo yí xià.

44.

A 你哪里不舒服？Nǐ ná lǐ bù shū fu?

B 我想去动物园看熊猫。Wǒ xiǎng qù dòng wù yuán kàn xióng māo.

C 我喜欢猴子，它很聪明。Wǒ xǐ huān hóu zi, tā hěn cōng ming.

45.

A 下课的时候一起回家吧。Xià kè de shí hòu yì qǐ huí jiā ba.

B 鱼在那里呢。Yú zài nà lǐ ne.

C 它的尾巴很长。Tā de wěi bā hěn cháng.

第三部分

第 46-50 题

例如：女：这本书是谁的 zhè běn shū shì shéi de?

男：（ C ）。

    A 在家里 zài jiā lǐ   B 没意思 méi yì si   C 我朋友的 wǒ péng yǒu de

46. 女：你去过首尔吗 nǐ qù guò shǒu ěr ma?

    男：（   ）。

    A 去年去过 qù nián qù guò   B 一小时 yì xiǎo shí   C 等一会儿 děng yí huì r

47. 女：他怎么哭得这么厉害 tā zěn me kū de zhè me lì hài?

    男：（   ）。

    A 哭了 kū le   B 吵架了 chǎo jià le   C 还好 hái hǎo

48. 男：哪个是你的男朋友 nǎ ge shì nǐ de nán péng yǒu?

    女：（   ）。

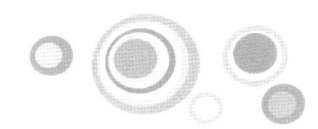

A 看不出来 kàn bù chū lái　　B 我不认识 wǒ bú rèn shì　　C 高的那个 gāo de nà gè

49. 女：你们什么时候认识的 nǐ men shén me shí hòu rèn shì de?

　　男：（　　　）。

　　A 上个月 shàng gè yuè　　B 一分钟 yì fēn zhōng　　C 很久了 hěn jiǔ le

50. 女：快出来，外面下雪了 kuài chū lái, wài miàn xià xuě le!

　　男：（　　　）。

　　A 冷 lěng　　B 太好了！tài hǎo le!　　C 我哭了 wǒ kū le

第四部分

第 51-60 题

例如：女：你喜欢什么（ A ） nǐ xǐ huān shén me?

男：我喜欢踢足球 wǒ xǐ huān tī zú qiú, 也喜欢打篮球 yě xǐ huān dǎ lán qiú.

  A 运动 yùn dòng   B 电影 diàn yǐng   C 颜色 yán sè

51. 男：您好 nín hǎo，您想要买些什么 nín xiǎng yào mǎi xiē shén me?

  女：我想买一 wǒ xiǎng mǎi yí（ ）包子 bāo zi。

  A 头 tóu   B 个 gè   C 岁 suì

52. 女：快要下雨了 kuài yào xià yǔ le, 你 nǐ（ ）这把雨伞吧 zhè bǎ yǔ sǎn ba。

  男：太谢谢你了。tài xiè xie nǐ le.

  A 把 bǎ   B 要 yào   C 拿 ná

53. 男：你的裙子真 nǐ de qún zi zhēn（ ）。

  女：谢谢 xiè xie，是我妈妈买的 shì wǒ mā ma mǎi de。

A 高 gāo　　　　B 漂亮 piào liang　　　　C 优秀 yōu xiù

54. 女：太 tài（　）了 le，我们去游泳吧 wǒ men qù yóu yǒng ba。

男：好啊 hǎo a，等我把泳裤拿一下 děng wǒ bǎ yǒng kù ná yí xià。

A 冷 lěng　　　　B 热 rè　　　　C 烦 fán

55. 男：它的耳朵是黑色的 tā de ěr duǒ shì hēi sè de，你猜猜它是什么动物 nǐ cāi cai tā shì shén me dòng wù？

女：是 shì（　）吧 ba！

A 猴子 hóu zi　　　　B 熊猫 xióng māo　　　　C 狗 gǒu

56. 女：昨天晚上你学习了多长 zuó tiān wǎn shàng nǐ xué xí le duō cháng（　）？

男：两个小时 liǎng gè xiǎo shí。

A 分钟 fēn zhōng　　　　B 星期 xīng qī　　　　C 时间 shí jiān

57. 男：教室里还有5个学生 jiào shì lǐ hái yǒu 5 gè xué shēng。

女：好的 hǎo de，（　）他们6点来找我 tā men 6 diǎn lái zhǎo wǒ。

A 想 xiǎng　　　　B 让 ràng　　　　C 送 sòng

58. 女：你还想喝什么 nǐ hái xiǎng hē shén me？

    男：喝 hē（ ）吧 ba。

    A 饱 bǎo　　　B 面包 miàn bāo　　　C 牛奶 niú nǎi

59. 男：妈妈 mā ma，我 wǒ（ ）了 le，有什么吃的吗 yǒu shén me chī de ma？

    女：有面条 yǒu miàn tiáo，你要吗 nǐ yào ma？

    A 冷 lěng　　　B 饿 è　　　C 饱 bǎo

60. 女：你怎么没和他们一起去打篮球 nǐ zěn me méi hé tā men yì qǐ qù dǎ lán qiú？

    男：（ ）不好 bù hǎo，活动临时取消了 huó dòng lín shí qǔ xiāo le。

    A 远 yuǎn　　　B 疼 téng　　　C 天气 tiān qì

梦想中国语 模拟考试

新中小学生汉语考试

YCT（三级）4

注　意

一、YCT（三级）分两部分：

1. 听力（35 题，约 20 分钟）

2. 阅读（25 题，共 25 分钟）

二、答案先写在试卷上，最后 5 分钟再写在答题卡上。

三、全部考试约 55 分钟（含考生填写个人信息时间 5 分钟）。

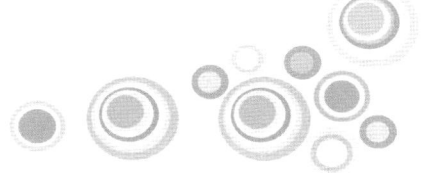

一、听力

第一部分

第 1-10 题

例如：	![西瓜]	×
	![老虎]	√
1.	![女孩照片]	
2.	![教室]	
3.	![中国国旗]	
4.	![牛奶]	
5.	![你好 HELLO]	

6.		
7.		
8.		
9.		
10.		

第二部分

第 11-15 题

A 　　B

C 　　D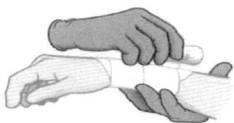

E 　　F

例如：　男：起床吧。Qǐ chuáng ba.
　　　　女：不，我想再睡10分钟。Bù, wǒ xiǎng zài shuì 10 fēn zhōng.　　E

11.

12.

13.

14.

15.

第 16-20 题

A

B

C

D

E

16.

17.

18.

19.

20.

第三部分

第 21-30 题

例如： 你怎么了 nǐ zěn me le?

    A 我知道 wǒ zhī dào   B 为什么 wèi shén me   C 没事儿 méi shì er √

21. A 去医院 qù yī yuàn   B 没关系 méi guān xì   C 医院后面 yī yuàn hòu miàn

22. A 生气 shēng qì   B 昨天 zuó tiān   C 自行车坏了 zì xíng chē huài le

23. A 两百个 liǎng bǎi gè   B 二年级 èr nián jí   C 小学 xiǎo xué

24. A 好啊 hǎo a   B 睡觉 shuì jiào   C 踢足球 tī zú qiú

25. A 明年 míng nián   B 第一次 dì yī cì   C 去年 qù nián

26. A 病了 bìng le   B 脾气不好 pí qì bù hǎo   C 颜色不好 yán sè bù hǎo

27. A 下来 xià lái   B 上去 shàng qù   C 里面 lǐ miàn

28. A 对不起 duì bù qǐ   B 不用谢 bú yòng xiè   C 好的 hǎo de

29. A 欢迎 huān yíng   B 还没有 hái méi yǒu   C 不用谢 bú yòng xiè

30. A 左边 zuǒ biān   B 洗澡 xǐ zǎo   C 不舒服 bù shū fu

第四部分

第 31-35 题

例如：男：今天几号了 Jīn tiān jǐ hào le?

女：今天三号 Jīn tiān sān hào，明天就是你的生日 míng tiān jiù shì nǐ de shēng rì。

问：哪天是他的生日 Nǎ tiān shì tā de shēng rì?

    A 三号 sān hào   B 4号 sì hào ✓   C 今天 jīn tiān

31. A 香蕉 xiāng jiāo   B 苹果 píng guǒ   C 西瓜 xī guā

32. A 买东西 mǎi dōng xī   B 吃饭 chī fàn   C 生病 shēng bìng

33. A 老师 lǎo shī   B 医生 yī shēng   C 公司职员 gōng sī zhí yuán

34. A 火车站 huǒ chē zhàn   B 汽车站 qì chē zhàn   C 电影院 diàn yǐng yuàn

35. A 甜甜的 tián tián de   B 酸的 suān de   C 苦的 kǔ de

梦想中国语 模拟考试

二、阅读

第一部分

第 36-40 题

A

B

C

D

E

F

例如：
A：你没有脚吗？
Nǐ méi yǒu jiǎo ma?

B：是的，我没有脚，但是我可以走。
Shì de, wǒ méi yǒu jiǎo, dàn shì wǒ kě yǐ zǒu.

F

36.
A：来，蹲下，把这只球放到那边去。
Lái, dūn xià, bǎ zhè zhī qiú fàng dào nà biān qù.
B：它能听懂你说的话？
Tā néng tīng dǒng nǐ shuō de huà?

37.
A：明天早上一起去跑步怎么样？
Míng tiān zǎo shang yì qǐ qù pǎo bù zěn me yàng?
B：好的，等我啊。
Hǎo de, děng wǒ a.

38.
A：你好，需要点什么吗？
Nǐ hǎo, xūyào diǎn shén me ma?
B：给我一瓶牛奶，谢谢。
Gěi wǒ yì píng niú nǎi, xiè xie.

39.
A：你怎么停下来了？
Nǐ zěn me tíng xià lái le?
B：这些题太难了，我都不会。
Zhè xiē tí tài nán le, wǒ dōu bú huì.

40.
A：喂，小红在吗？
Wéi, xiǎo hóng zài ma?
B：我就是，你有什么事吗？
Wǒ jiù shì, nǐ yǒu shén me shì ma?

第二部分

第 41-45 题

例如: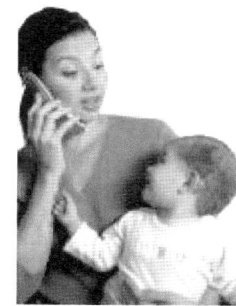

A 你走得太快。Nǐ zǒu de tài kuài.

B 我今年三年级了。Wǒ jīn nián sān nián jí le.

C 现在给奶奶打个电话。Xiàn zài gěi nǎi nai dǎ gè diàn huà. √

41.

A 听说你跳舞很厉害？Tīng shuō nǐ tiàowǔ hěn lì hài?

B 少吃点肉，你最近长胖了。Shǎo chī diǎn ròu, nǐ zuì jìn zhǎng pàng le.

C 按时吃药，病就会好的。Àn shí chī yào, bìng jiù huì hǎo de.

42.

A 你喜欢上什么课？Nǐ xǐ huān shàng shén me kè?

B 这里面有一百块钱，给你。Zhè lǐ miàn yǒu yì bǎi kuài qián, gěi nǐ.

C 我的新裙子怎么样？Wǒ de xīn qún zi zěn me yàng?

43.

A 这瓶西瓜汁是谁点的？ Zhè píng xī guā zhī shì shéi diǎn de?

B 你想喝水吗？ Nǐ xiǎng hē shuǐ ma?

C 小红画了一天的画。 Xiǎo hóng huà le yì tiān de huà.

44.

A 你的钢笔呢？ Nǐ de gāng bǐ ne?

B 她今天心情很好。 Tā jīn tiān xīn qíng hěn hǎo.

C 等会一起去游泳吧。 Děng huì er yì qǐ qù yóu yǒng ba.

45.

A 让我再看一眼。 Ràng wǒ zài kàn yì yǎn.

B 你喜欢什么面？ Nǐ xǐ huān shén me miàn?

C 这个西瓜真好吃。 Zhè ge xī guā zhēn hǎo chī.

第三部分

第 46-50 题

例如：女：这本书是谁的 zhè běn shū shì shúi de？

男：（ C ）。

A 在家里 zài jiā lǐ　　B 没意思 méi yì si　　C 我朋友的 wǒ péng yǒu de

46. 女： 这是谁的钢笔 zhè shì shúi de gāng bǐ?

男：（　　　）。

A 不知道 bù zhī dào　　B 铅笔 qiān bǐ　　C 明天 míng tiān

47. 女： 今天天气不好 jīn tiān tiān qì bù hǎo，别出去玩了 bié chū qù wán le。

男：（　　　）。

A 我知道了 wǒ zhī dào　　B 去踢足球 qù tī zú qiú　　C 不好 bù hǎo le

48. 女： 什么动物的耳朵是黑色的 shén me dòng wù de ěr duo shì hēi sè de?

男： （　　　）。

  A 鱼 yú   B 老虎 lǎo hǔ   C 熊猫 xióng māo

49. 女： 您好 nín hǎo，请问是胡先生吗 qǐng wèn shì hú xiān shēng ma?

  男： （　　　）。

  A 是我 shì wǒ   B 不在 bú zài   C 一千米 yì qiān mǐ

50. 女： 你看到我昨天穿的裤子了吗 nǐ kàn dào wǒ zuó tiān chuān de kù zi le ma?

  男： （　　　）。

  A 没有了 méi yǒu le   B 看到了 kàn dào le   C 不知道 bù zhī dào

第四部分

第 51-60 题

例如：女：你喜欢什么 nǐ xǐ huān shén me （ A ）？

男：我喜欢踢足球 wǒ xǐ huān tī zú qiú, 也喜欢打篮球 yě xǐ huān dǎ lán qiú。

    A 运动 yùn dòng   B 电影 diàn yǐng   C 颜色 yán sè

51. 男：下午我们去哪儿 xià wǔ wǒ men qù nǎ er? 去游泳怎么样 qù yóu yǒng zěn me yàng?

    女：不了 bù le, 我要 wǒ yào （ ）家 jiā。

    A 回 huí   B 出 chū   C 到 dào

52. 女：今天中午我们吃什么 jīn tiān zhōng wǔ wǒ men chī shén me？

    男：吃 chī （ ）吧 ba。

    A 水果 shuǐ guǒ   B 面条 miàn tiáo   C 牛奶 niú nǎi

53. 男：再吃几个饺子吧 zài chī jǐ gè jiǎo zi ba。

    女：不了 bù le, 我真的 wǒ zhēn de （ ）了 le。

A 饿 è   B 饱 bǎo   C 晕 yūn

54. 女：你喜欢什么 nǐ xǐ huān shén me（ ）?

    男：我喜欢黄色 wǒ xǐ huān huáng sè，也喜欢绿色 yě xǐ huān lǜ sè。

    A 运动 yùn dòng   B 电影 diàn yǐng   C 颜色 yán sè

55. 男：你的裤子真 nǐ de kù zi zhēn（ ）。

    女：谢谢 xiè xie，是我妈妈买的 shì wǒ mā ma mǎi de。

    A 高兴 gāo xìng   B 漂亮 piào liang   C 优秀 yōu xiù

56. 女：你怎么没和他们一起去踢足球 nǐ zěn me méi hé tā men yì qǐ qù tī zú qiú?

    男：（ ）不好 bù hǎo，活动临时取消了 huó dòng lín shí qǔ xiāo le。

    A 远 yuǎn   B 疼 téng   C 天气 tiān qì

57. 男：你的 nǐ de（ ）怎么红了 zěn me hóng le?

    女：我爸爸和妈妈昨天吵架了 wǒ bà ba hé mā ma zuó tiān chǎo jià le，我很难过 wǒ hěn nán guò。

    A 手 shǒu   B 眼睛 yǎn jīng   C 头发 tóu fà

58. 女：昨天晚上你学习了多长时间 zuó tiān wǎn shàng nǐ xué xí le duō cháng shí jiān?

　　男：两个 liǎng gè（　）。

　　A　分钟 fēn zhōng　　　B　星期 xīng qī　　　C　小时 xiǎo shí

59. 男：你以前来过北京吗 nǐ yǐ qián lái guò běi jīng ma?

　　女：来过 lái guò，这是我第 zhè shì wǒ dì（　）次来了 cì lái le。

　　A　两 liǎng　　　B　二 èr　　　C　坐飞机 zuò fēi jī

60. 女：谁有绿茶 shuí yǒu lǜ chá?

　　男：我有 wǒ yǒu，（　）没有热水了 méi yǒu rè shuǐ le。

　　A　觉得 jué de　　　B　自己 zì jǐ　　　C　但是 dàn shì

梦想中国语 模拟考试

新中小学生汉语考试

YCT （三级）5

注　意

一、YCT （三级）分两部分：

1. 听力（35 题，约 20 分钟）

2. 阅读（25 题，共 25 分钟）

二、答案先写在试卷上，最后 5 分钟再写在答题卡上。

三、全部考试约 55 分钟（含考生填写个人信息时间 5 分钟）。

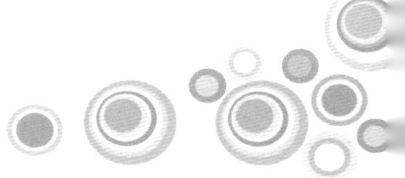

一、听力

第一部分

第 1-10 题

例如：		×
		√
1.		
2.		
3.		
4.		

5.	![eggs]	
6.	![girl]	
7.	![piano]	
8.	![hand]	
9.	![soccer]	
10.	![symbol]	

第二部分

第 1-10 题

A    B

C    D

E    F

例如： 男：起床吧。Qǐ chuáng ba.

女：不，我想再睡10分钟。Bù, wǒ xiǎng zài shuì 10 fēn zhōng.   **E**

11.

12.

13.

14.

15.

 梦想中国语 模拟考试

第 16-20 题

A    B

C    D

E

16. ☐

17. ☐

18. ☐

19. ☐

20. ☐

第三部分

第 21-30 题

例如： 你怎么了 nǐ zěn me le?

    A 我知道 wǒ zhī dào　　B 为什么 wèi shén me　　C 没事儿 méi shì er √

21. A 欢迎 huān yíng　　B 不可以 bù kě yǐ　　C 知道啦 zhī dào la

22. A 不开心 bù kāi xīn　　B 很好看 hěn hǎo kàn　　C 再见 zài jiàn

23. A 是的，很可爱 shì de, hěn kě ài　　B 没问题 méi wèn tí　　C 明天见 míng tiān jiàn

24. A 两点了 liǎng diǎn le　　B 明天走 míng tiān zǒu　　C 在写作业 zài xiě zuò yè

25. A 名字 míng zì　　B 铅笔 qiān bǐ　　C 汉语 hàn yǔ

26. A 两天 liǎng tiān　　B 两个 liǎng gè　　C 两个月 liǎng gè yuè

27. A 坐飞机 zuò fēi jī   B 在医院 zài yī yuàn   C 在上网 zài shàng wǎng

28. A 好的 hǎo de   B 真难过 zhēn nán guò   C 对不起 duì bù qǐ

29. A 铅笔 qiān bǐ   B 太难了 tài nán le   C 左边 zuǒ biān

30. A 飞机 fēi jī   B 橡皮 xiàng pí   C 包子 bāo zi

第四部分

第 31-35 题

例如：男：今天几号了 Jīn tiān jǐ hào le？

女：今天三号 Jīn tiān sān hào，明天就是你的生日 míng tiān jiù shì nǐ de shēng rì。

问：哪天是他的生日 Nǎ tiān shì tā de shēng rì？

A 三号 sān hào   B 4号 sì hào √   C 今天 jīn tiān

31. A 裙子 qún zi   B 裤子 kù zi   C 洗衣机 xǐ yī jī

32. A 散步 sàn bù   B 看电影 kàn diàn yǐng   C 再吃一顿 zài chī yī dùn

33. A 很冷 hěn lěng   B 很热 hěn rè   C 很舒服 hěn shū fu

34. A 笔盒里 bǐ hé lǐ   B 书包里 shū bāo lǐ   C 桌上 zhuō shàng

35. A 去年 qù nián   B 2005年 èr líng líng wǔ nián   C 二零一五年 èr líng yī wǔ nián

二、阅读

第一部分

第 36-40 题

A		B	
C		D	
E		F	

例如：
A：你没有脚吗？
　　Nǐ méi yǒu jiǎo ma?
B：是的，我没有脚，但是我可以走。

F

Shì de, wǒ méi yǒu jiǎo, dàn shì wǒ kě yǐ zǒu.

36.
A：你想买哪把雨伞？
Nǐ xiǎng mǎi nǎ bǎ yǔ sǎn?
B：我想买长柄的那一把。
Wǒ xiǎng mǎi cháng bǐng de nà yì bǎ.

37.
A：为什么熊猫不会飞呢？
Wèi shén me xióng māo bú huì fēi ne?
B：因为它没有翅膀呀。
Yīn wèi tā méi yǒu chì bǎng ya.

38.
A：你知道这个字怎么读吗？
Nǐ zhī dào zhè ge zì zěn me dú ma?
B：我不知道。
Wǒ bù zhī dào.

39.
A：怎么不吃了？
Zěn me bù chī le?
B：我不想吃这个，我想吃面包。
Wǒ bù xiǎng chī zhè ge, wǒ xiǎng chī miàn bāo.

40.
A：我穿这件怎么样？
Wǒ chuān zhè jiàn zěn me yàng?
B：很好看。
Hěn hǎo kàn

第二部分

第 41-45 题

例如：

A 你走得太快。Nǐ zǒu de tài kuài.

B 我今年三年级了。Wǒ jīn nián sān nián jí le.

C 现在给奶奶打个电话。Xiàn zài gěi nǎi nai dǎ gè diàn huà. √

41.

A 上课的时候认真点听。Shàng kè de shí hou rèn zhēn diǎn tīng.

B 对，我最喜欢面包。Duì, wǒ zuì xǐ huān miàn bāo.

C 今天晚上早点睡吧。Jīn tiān wǎn shàng zǎo diǎn shuì ba.

42.

A 我想去动物园看猴子。Wǒ xiǎng qù dòng wù yuán kàn hóu zi.

B 放学了，我们一起回去吧。Fàng xué le, wǒ men yī qǐ huí qù ba.

C 妈妈给我买的新衣服好看吗？Mā ma gěi wǒ mǎi de xīn yī fu hǎo kàn m

43.
A 这只猫猫睡着了。Zhè zhī māo māo shuì zháo le
B 这是您点的牛奶。Zhè shì nín diǎn de niú nǎi.
C 明天是我的五岁生日。Míng tiān shì wǒ de wǔ suì shēng rì.

44.
A 这瓶牛奶是谁点的？Zhè píng niú nǎi shì shéi diǎn de?
B 米饭已经被我吃光了。Mǐ fàn yǐ jīng bèi wǒ chī guāng le.
C 再见，明天教室里见。Zài jiàn, míng tiān jiào shì lǐ jiàn.

45.
A 我明年就三年级了。Wǒ míng nián jiù sān nián jí le.
B 你生病了，去医院看看吧。Nǐ shēng bìng le, qù yī yuàn kàn kàn ba.
C 外面风好大。Wài miàn fēng hǎo dà.

第三部分

第 46-50 题

例如：女：这本书是谁的 zhè běn shū shì shúi de？

男：（ C ）。

    A 在家里 zài jiā lǐ B 没意思 méi yì si C 我朋友的 wǒ péng yǒu de

46. 女：您好 nín hǎo，一瓶牛奶和一个面包多少钱 yī píng niú nǎi hé yí gè miàn bāo duō shǎo qián

  男：（ ）。

    A 十块钱 shí kuài qián B 您好 nín hǎo C 不卖 bú mài

47. 女：他要了一杯牛奶 tā yào le yì bēi niú nǎi，你要什么 nǐ yào shén me？

  男：（ ）。

    A 茶 chá   B 茶杯 chá bēi C 面条 miàn tiáo

48. 女：你去年怎么去北京的 nǐ qù nián zěn me qù běi jīng de？

  男：（ ）。

A 去过 qù guò   B 坐飞机 zuò fēi jī   C 等一会 děng yì huǐ

49. 女：明天一起去游泳吗 míng tiān yì qǐ qù yóu yǒng ma？

    男：（　　　　）。

    A 吃早饭 chī zǎo fàn   B 踢足球 tī zú qiú   C 一起呗 yì qǐ bei

50. 女：公共汽车站离医院远吗 gōng gòng qì chē zhàn lí yī yuàn yuǎn ma？

    男：（　　　　）。

    A 很近 hěn jìn   B 很轻 hěn qīng   C 很少 hěn shǎo

第四部分

第 51-60 题

例如：女：你喜欢什么 nǐ xǐ huān shén me （ A ）？

男：我喜欢踢足球 wǒ xǐ huān tī zú qiú，也喜欢打篮球 yě xǐ huān dǎ lán qiú。

  A 运动 yùn dòng   B 电影 diàn yǐng   C 颜色 yán sè

51. 男：它的耳朵是黑色的 tā de ěr duo shì hēi sè de，你猜猜它是什么动物 nǐ cāi cai tā shì shén me dòng wù？

  女：是 shì （ ）吧 ba！

  A 猫 māo   B 狗 gǒu   C 熊猫 xióng māo

52. 女：你怎么了 nǐ zěn me le？是不是脚疼 shì bú shì jiǎo téng？

  男：对 duì，我们 wǒ men （ ）一会儿吧 yí huì er ba。

  A 慢 màn   B 休息 xiū xi   C 后面 hòu miàn

53. 男：您好 nín hǎo，您想要买些什么 nín xiǎng yào mǎi xiē shén me？

  女：我想买一 wǒ xiǎng mǎi yì （ ）面条 miàn tiáo。

A 头 tóu　　　　B 碗 wǎn　　　　C 岁 suì

54. 女：医院远不远 yī yuàn yuǎn bù yuǎn?

男：就在前面 jiù zài qián miàn, 很 hěn ( )。

A 热 rè　　　　B 近 jìn　　　　C 远 yuǎn

55. 男：再吃一碗米饭吧 zài chī yì wǎn mǐ fàn ba。

女：不了 bù le, 我真的 wǒ zhēn de ( ) 了 le。

A 饿 è　　　　B 饱 bǎo　　　　C 晕 yūn

56. 女：外面很冷 wài miàn hěn lěng, 你记得多穿点 nǐ jì de duō chuān diǎn ( )。

男：好的 hǎo de, 我知道了 wǒ zhī dào le。

A 鞋 xié　　　　B 裤子 kù zi　　　　C 衣服 yī fu

57. 男：妈妈 mā ma, 我 wǒ ( ) 了 le, 有什么吃的吗 yǒu shén me chī de ma?

女：只有牛奶了 zhǐ yǒu niú nǎi le, 你要吗 nǐ yào ma?

A 冷 lěng　　　　B 饿 è　　　　C 饱 bǎo

58. 女：你 nǐ（ ）过汽车吗 guò qì chē ma？

男：没有 méi yǒu，我还没开始学呢 wǒ hái méi kāi shǐ xué ne？

A 拿 ná　　　　B 坐 zuò　　　　C 开 kāi

59. 男：教室里还有 jiào shì lǐ hái yǒu（ ）学生 xué shēng。

女：让他们快点回家吧 ràng tā men kuài diǎn huí jiā ba。

A 五个 wǔ gè　　B 五只 wǔ zhī　　C 五人 wǔ rén

60. 女：你要哪个香蕉 nǐ yào nǎ ge xiāng jiāo，左边还是右边的 zuǒ biān hái shì yòu biān de？

男：两个 liǎng gè（ ）要 yào。

A 最 zuì　　　　B 都 dōu　　　　C 再 zài

新中小学生汉语考试

YCT （三级）6

注　意

一、YCT （三级）分两部分：

1. 听力（35 题，约 20 分钟）

2. 阅读（25 题，共 25 分钟）

二、答案先写在试卷上，最后 5 分钟再写在答题卡上。

三、全部考试约 55 分钟（含考生填写个人信息时间 5 分钟）。

一、听力
第一部分

第 1-10 题

例如：		×
	(tiger image)	√
1.	(fruit image)	
2.	(cake image)	
3.	(table image)	
4.	(airplane image)	

5.		
6.		
7.		
8.		
9.		
10.		

第二部分

第 11-15 题

A

B

C

D

E

F

例如：　　男：起床吧。Qǐ chuáng ba.

　　　　　女：不，我想再睡10分钟。Bù, wǒ xiǎng zài shuì 10 fēn zhōng.　　E

11.

12.

13.

14.

15.

第 16-20 题

A

B

C

D

E

16. ☐

17. ☐

18. ☐

19. ☐

20. ☐

第三部分

第 21-30 题

例如： 你怎么了 nǐ zěn me le?

    A 我知道 wǒ zhī dào   B 为什么 wèi shén me   C 没事儿 méi shì er √

21. A 很远 hěn yuǎn   B 明年 míng nián   C 去年 qù nián

22. A 我看看 wǒ kàn kàn   B 没关系 méi guān xì   C 鼻子上 bí zi shàng

23. A 家里有 jiā lǐ yǒu   B 我有笔 wǒ yǒu bǐ   C 在房间里 zài fáng jiān lǐ

24. A 对不起 duì bù qǐ   B 太好了 tài hǎo le   C 真遗憾 zhēn yí hàn

25. A 没看见 méi kàn jiàn   B 玫瑰花 méi guī huā   C 吵架了 chǎo jià le

26. A 我不喜欢他 wǒ bù xǐ huān tā   B 在看电视 zài kàn diàn shì   C 不相信 bù xiāng xìn

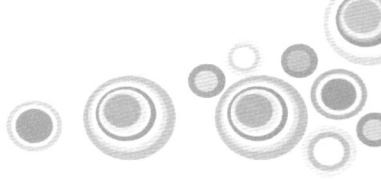

27. A 迟到了 chí dào le　　B 韩国人 hán guó rén　　C 是的 shì de

28. A 打扰了 dǎ rǎo le　　B 谢谢你 xiè xie nǐ　　C 不用谢 bú yòng xiè

29. A 知道啦 zhī dào la　　B 去唱歌 qù chàng gē　　C 在车站 zài chē zhàn

30. A 熊猫 xióng māo　　B 植物园 zhí wù yuán　　C 明天吧 míng tiān ba

梦想中国语 模拟考试

第四部分

第 31-35 题

例如：男：今天几号了 Jīn tiān jǐ hào le?

女：今天三号 Jīn tiān sān hào，明天就是你的生日 míng tiān jiù shì nǐ de shēng rì。

问：哪天是他的生日 Nǎ tiān shì tā de shēng rì?

    A   三号 sān hào   B   4号 sì hào √   C   今天 jīn tiān

31. A   白色 bái sè   B   绿色 lǜ sè   C   黑色 hēi sè

32. A   同学 tóng xué   B   妈妈 mā ma   C   别人 bié rén

33. A   一点 yī diǎn   B   九点 jiǔ diǎn   C   十点 shí diǎn

34. A   杯子 bēi zi   B   背包 bēi bāo   C   桌子 zhuō zi

35. A   漂亮 piào liàng B   不知道 bù zhī dào C   很高 hěn gāo

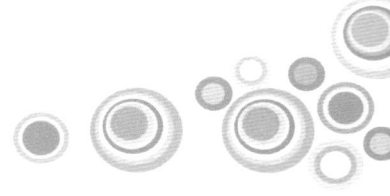

二、阅读

第一部分

第 36-40 题

 A

 B

 C

 D

 E

 F

例如：	A：你没有脚吗？ Nǐ méi yǒu jiǎo ma? B：是的，我没有脚，但是我可以走。 Shì de, wǒ méi yǒu jiǎo, dàn shì wǒ kě yǐ zǒu.	**F**
36.	A：那儿有只猫，真可爱啊。 Nà er yǒu zhī māo, zhēn kě ài a.	

	B：我看看。 Wǒ kàn kan.	
37.	A：我爸和我妈又吵架了。 Wǒ bà hé wǒ mā yòu chǎo jià le. B：会好的，别难过啦。 Huì hǎo de, bié nán guò la.	
38.	A：你弟弟在家吗？ Nǐ dì di zài jiā ma? B：不在，他打篮球去了。 Bú zài, tā dǎ lán qiú qù le.	
39.	A：她吃饭的时候从来不说话。 Tā chī fàn de shí hòu cóng lái bù shuō huà. B：是个好习惯啊。 Shì gè hǎo xí guàn a.	
40.	A：你怎么了？ Nǐ zěn me le? B：我昨天受伤了，脚很疼。 Wǒ zuó tiān shòu shāng le, jiǎo hěn téng	

第二部分

第 41-45 题

例如:

A 你走得太快。Nǐ zǒu de tài kuài.

B 我今年三年级了。Wǒ jīn nián sān nián jí le.

C 现在给奶奶打个电话。Xiàn zài gěi nǎi nai dǎ gè diàn huà. √

41.

A 听说你很会唱歌？Tīng shuō nǐ hěn huì chàng gē?

B 你的自行车呢？Nǐ de zì xíng chē ne?

C 我明天不想去上学了。Wǒ míng tiān bù xiǎng qù shàng xué le.

42.

A 你的狗狗在那里呢。Nǐ de gǒu gou zài nà lǐ ne.

B 想要病早点好，就按时吃药吧。
　Xiǎng yào bìng zǎo diǎn hǎo, jiù àn shí chī yào ba.

C 你喜欢什么水果？Nǐ xǐ huān shén me shuǐ guǒ?

43.

A 请进，不用敲门了。Qǐng jìn, bú yòng qiāo mén le.

B 这是我全部的零花钱了。Zhè shì wǒ quán bù de líng huā qián le.

C 小猫也喝牛奶呢。Xiǎo māo yě hē niú nǎi ne.

44.

A 让我再看一看，考虑一下。Ràng wǒ zài kàn yí kàn, kǎo lǜ yí xià.

B 他出去骑了一天的自行车。Tā chū qù qí le yì tiān de zì xíng chē.

C 你如果不舒服，就早点睡觉吧。Nǐ rú guǒ bú shū fu, jiù zǎo diǎn shuì jiào ba.

45.

A 给你一块西瓜。Gěi nǐ yí kuài xī guā.

B 你饿了吗？面包你要吗？Nǐ è le ma? miàn bāo nǐ yào ma?

C 你的篮球呢？Nǐ de lán qiú ne?

第三部分

第 46-50 题

例如：女：这本书是谁的 zhè běn shū shì shéi de？

男：（ C ）。

      A 在家里 zài jiā lǐ   B 没意思 méi yì si   C 我朋友的 wǒ péng yǒu de

46. 女： 妈 mā，我刚买的香蕉呢 wǒ gāng mǎi de xiāng jiāo ne？

      男：（   ）。

      A 和西瓜 hé xī guā   B 还有一根 hái yǒu yì gēn   C 桌子上 zhuō zi shàng

47. 女： 你喜欢什么运动 nǐ xǐ huān shén me yùn dòng？

      男：（   ）。

      A 不喜欢 bù xǐ huān   B 我都喜欢 wǒ dōu xǐ huān   C 狗 gǒu

48. 女：动物园里熊猫多不多 dòng wù yuán lǐ xióng māo duō bù duō?

    男：（　　　　）。

    A 可爱的 kě ài　　　B 不多 bù duō　　　C 很好看 hěn hǎo kàn

49. 女：我想送他一把伞 wǒ xiǎng sòng tā yì bǎ sǎn，送什么颜色的好呢 sòng shén me yán sè de hǎo ne?

    男：（　　　　）。

    A 太难了 tài nán le　　B 黑色的 hēi sè de　　C 没有 méi yǒu

50. 女：这个本子是谁的 zhè ge běn zi shì shéi de?

    男：（　　　　）。

    A 不想 bù xiǎng　　B 我朋友的 wǒ péng yǒu de　　C 没道理 méi dào lǐ

第四部分

第 51-60 题

例如：女：你喜欢什么 nǐ xǐ huān shén me（ A ）?

男：我喜欢踢足球 wǒ xǐ huān tī zú qiú，也喜欢打篮球 yě xǐ huān dǎ lán qiú。

    A 运动 yùn dòng   B 电影 diàn yǐng   C 颜色 yán sè

51. 男：你的 nǐ de（ ）怎么红了 zěn me hóng le?

    女：外面太冷了 wài miàn tài lěng le。

    A 鼻子 bí zi   B 眼睛 yǎn jīng   C 头发 tóu fà

52. 女：外面很冷 wài miàn hěn lěng，你记得多 nǐ jì de duō（ ）点衣服 diǎn yī fu。

    男：好的 hǎo de，我知道了 wǒ zhī dào le。

    A 穿 chuān   B 拿 ná   C 把 bǎ

53. 男：生日 shēng rì（ ）!

    女：什么 shén me? 你是不是记错了 nǐ shì bú shì jì cuò le?

    今天不是我的生日啊 jīn tiān bú shì wǒ de shēng rì a!

    A 高兴 gāo xìng   B 快乐 kuài lè   C 欢迎 huān yíng

梦想中国语 模拟考试

54. 女：你喜欢什么 nǐ xǐ huān shén me（ ）?

    男：我喜欢打篮球 wǒ xǐ huān dǎ lán qiú，也喜欢游泳 yě xǐ huān yóu yǒng。

    A 运动 yùn dòng   B 电影 diàn yǐng   C 颜色 yán sè

55. 男：您好 nín hǎo，您想要买些什么 nín xiǎng yào mǎi xiē shén me?

    女：我想买一 wǒ xiǎng mǎi yì（ ）果汁 guǒ zhī。

    A 头 tóu   B 碗 wǎn   C 瓶 píng

56. 女：你怎么了 nǐ zěn me le? 是不是脚 shì bú shì jiǎo（ ）?

    男：对 duì，我们休息一会儿吧 wǒ men xiū xi yí huì er ba。

    A 热 rè   B 疼 téng   C 好 hǎo

57. 男：妈妈 mā ma，我饿了 wǒ è le，有什么吃的吗 yǒu shé me chī de ma。

    女：有 yǒu（ ），你要一碗吗 nǐ yào yì wǎn ma?

    A 面包 miàn bāo   B 面条 miàn tiáo   C 牛奶 niú nǎi

58. 女：快要下雨了 kuài yào xià yǔ le，你 nǐ（ ）这把雨伞吧 zhè bǎ yǔ sǎn ba。

    男：太谢谢你了 tài xiè xie nǐ le。

| A | 把 bǎ | B | 要 yào | C | 带 dài |

59. 男：奶奶很想你 nǎi nai hěn xiǎng nǐ，你有没有 nǐ yǒu méi yǒu（ ）她打电话 tā dǎ diàn huà？

    女：我昨天就打过啦 wǒ zuó tiān jiù dǎ guò la。

    | A | 走 zǒu | B | 读 dú | C | 给 gěi |

60. 女：谁有 shúi yǒu（ ）？

    男：我有 wǒ yǒu，但是没有热水了 dàn shì méi yǒu rè shuǐ le，喝不了 hē bù liǎo。

    | A | 绿茶 lǜ chá | B | 米饭 mǐ fàn | C | 面包 miàn bāo |

新中小学生汉语考试

YCT （三级）7

注　意

一、YCT（三级）分两部分：

1. 听力（35题，约20分钟）

2. 阅读（25题，共25分钟）

二、答案先写在试卷上，最后5分钟再写在答题卡上。

三、全部考试约55分钟（含考生填写个人信息时间5分钟）。

一、听力

第一部分

第 1-10 题

例如：		×
	(tiger image)	√
1.	(rose image)	
2.	(sick person image)	
3.	(store aisle image)	
4.	(figurine image)	

5.		
6.		
7.		
8.		
9.		
10.		

第二部分

第 11-15 题

A 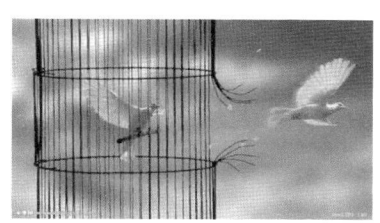　　　　B

C 　　　　D

E 　　　　F

例如：　男：起床吧。Qǐ chuáng ba.

　　　　女：不，我想再睡10分钟。Bù, wǒ xiǎng zài shuì 10 fēn zhōng.　　 E

11. ☐

12. ☐

13. ☐

14. ☐

15. ☐

梦想中国语 模拟考试

第 16-20 题

A

B

C

D

E

16. ☐

17. ☐

18. ☐

19. ☐

20. ☐

第三部分

第 21-30 题

例如： 你怎么了 nǐ zěn me le?

    A 我知道 wǒ zhī dào   B 为什么 wèi shén me   C 没事儿 méi shì r √

21. A 没听到 méi tīng dào   B 不愿意 bú yuàn yì   C 很可爱 hěn kě ài

22. A 真好 zhēn hǎo   B 下雪了 xià xuě le   C 好的 hǎo de

23. A 左边 zuǒ biān   B 门口 mén kǒu   C 玫瑰花 méi guī huā

24. A 给我牛奶吧 gěi wǒ niú nǎi ba   B 我要一碗饭 wǒ yào yì wǎn fàn   C 给我一个面包 gěi wǒ yí gè miàn bāo

25. A 看书 kàn shū   B 地图 dì tú   C 左边 zuǒ biān

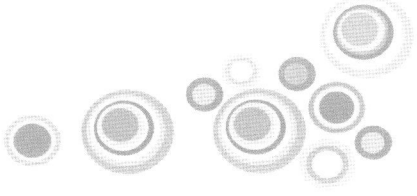

26. A 胖了 pàng le　　B 电影 diàn yǐng　　C 学校 xué xiào

27. A 三个 sān gè　　B 三集 sān jí　　C 三瓶 sān píng

28. A 要一辆自行车 yào yí liàng zì xíng chē　　B 没关系 méi guān xì　　C 要一个鸡蛋 yào yí gè jī dàn

29. A 睡一会 shuì yì huì　　B 走路 zǒu lù　　C 太累了 tài lèi le

30. A 好的 hǎo de　　B 下雪了 xià xuě le　　C 欢迎 huān yíng

第四部分

第 31-35 题

例如：男：今天几号了 Jīn tiān jǐ hào le?

女：今天三号 Jīn tiān sān hào，明天就是你的生日 míng tiān jiù shì nǐ de shēng rì。

问：哪天是他的生日 Nǎ tiān shì tā de shēng rì?

A 三号 sān hào　　　　B 4号 sì hào ✓　　　　C 今天 jīn tiān

31. A 一年级 yī nián jí　　B 二年级 èr nián jí　　C 三年级 sān nián jí

32. A 妈妈 mā ma　　　　B 奶奶 nǎi nai　　　　C 同学 tóng xué

33. A 三年前 sān nián qián　B 两年前 liǎng nián qián　C 一年前 yì nián qián

34. A 八岁 bā suì　　　　B 九岁 jiǔ suì　　　　C 十岁 shí suì

35. A 早上八点 zǎo shàng bā diǎn　B 下午三点 xià wǔ sān diǎn　C 晚上八点 wǎn shàng bā diǎn

二、阅读

第一部分

第 36-40 题

A

B

C

D

E

F

例如：

A：你没有脚吗？

Nǐ méi yǒu jiǎo ma?

B：是的，我没有脚，但是我可以走。

Shì de, wǒ méi yǒu jiǎo, dàn shì wǒ kě yǐ zǒu.

F

梦想中国语 模拟考试

36.
A：太阳出来了，真热啊。
Tài yáng chū lái le, zhēn rè a.

B：出去的时候我们少穿点。
Chū qù de shí hòu wǒ men shǎo chuān diǎn.

□

37.
A：这里有1000多块钱，是你的吗？
Zhè li yǒu 1000 duō kuài qián, shì nǐ de ma?

B：不是我的，是我爸的。
Bú shì wǒ de, shì wǒ bà de.

□

38.
A：你怎么没穿鞋啊？
Nǐ zěn me méi chuān xié a?

B：我们不是说好了要去游泳吗？
Wǒ men bú shì shuō hǎo le yào qù yóu yǒng ma?

□

39.
A：你每天放学回家之后都干什么？
Nǐ měi tiān fàng xué huí jiā zhī hòu dōu gàn shén me?

B：我平时都会看书。
Wǒ píng shí dōu huì kàn shū.

□

40.
A：多穿点，天气预报说等会就下雨了。
Duō chuān diǎn, tiān qì yù bào shuō děng huì jiù xià yǔ le.

B：知道啦！
Zhī dào la

□

第二部分

第 41-45 题

例如:

A 你走得太快。Nǐ zǒu de tài kuài.

B 我今年三年级了。Wǒ jīn nián sān nián jí le.

C 现在给奶奶打个电话。Xiàn zài gěi nǎi nai dǎ gè diàn huà. √

41.

A 他的新裤子真帅气。Tā de xīn kù zi zhēn shuài qì.

B 医生怎么说？Yī shēng zěn me shuō?

C 等会一起回家吧，我等你。Děng huì yì qǐ huí jiā ba, wǒ děng nǐ.

42.

A 今天的雪下得好大。Jīn tiān de xuě xià de hǎo dà.

B 我很喜欢和朋友们一起唱歌。Wǒ hěn xǐ huān hé péng yǒu men yì qǐ chàng

C 多吃点肉，你太瘦了。Duō chī diǎn ròu, nǐ tài shòu le.

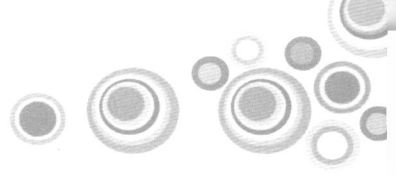

43.

A 我今天中午想吃碗面条。 Wǒ jīn tiān zhōng wǔ xiǎng chī wǎn miàn tiáo.

B 我每天都想踢足球。 Wǒ měi tiān dū xiǎng tī zú qiú.

C 她今天穿得真漂亮。 Tā jīn tiān chuān de zhēn piào liang.

44.

A 这个苹果真好吃。 Zhè ge píng guǒ zhēn hǎo chī.

B 后天是我的十岁生日。 Hòu tiān shì wǒ de shí suì shēng rì.

C 晚上给妈妈打个电话。 Wǎn shàng gěi mā ma dǎ gè diàn huà.

45.

A 你饿了吗？你要吃面包吗？ Nǐ è le ma? Nǐ yào chī miàn bāo ma?

B 香蕉已经被我吃光了。 Xiāng jiāo yǐ jīng bèi wǒ chī guāng le.

C 我们走慢一点吧。 Wǒ men zǒu màn yì diǎn ba.

第三部分

第 46-50 题

例如：女：这本书是谁的 zhè běn shū shì shéi de?

男：（ C ）。

    A 在家里 zài jiā lǐ   B 没意思 méi yì si   C 我朋友的 wǒ péng yǒu de

46. 女：嘴巴在眉毛的哪里 zuǐ bā zài méi máo de nǎ lǐ?

    男：（　　）。

    A 里面 lǐ miàn   B 上面 shàng miàn   C 下面 xià miàn

47. 女：这条裤子卖多少钱 zhè tiáo kù zi mài duō shǎo qián?

    男：（　　）。

    A 可以 kě yǐ   B 一条 yì tiáo   C 100块钱 100 kuài qián

48. 女： 你准备什么时候给妈妈打电话 nǐ zhǔn bèi shén me shí hòu gěi mā ma dǎ diàn huà?

男： (   )。

A 高兴 gāo xìng　　　B 去年 qù nián　　　C 明天 míng tiān

49. 女： 米饭和面包 mǐ fàn huò miàn bāo，你想吃哪个 nǐ xiǎng chī nǎ ge?

男： (   )。

A 没关系 méi guān xì　　B 都可以 dōu kě yǐ　　C 一个 yí ge

50. 男： 妈 mā，我刚买的西瓜呢 wǒ gāng mǎi de xī guā ne?

女： (   )。

A 红色的 hóng sè de　　B 有香蕉 yǒu xiāng jiāo　　C 放桌上了 fàng zhuō shàng le

第四部分

第 51-60 题

例如：女：你喜欢什么 nǐ xǐ huān shén me（ A ）？

男：我喜欢踢足球 wǒ xǐ huān tī zú qiú，也喜欢打篮球 yě xǐ huān dǎ lán qiú。

    A 运动 yùn dòng   B 电影 diàn yǐng   C 颜色 yán sè

51. 男：下午我们去哪 xià wǔ wǒ men qù nǎ？去踢足球怎么样 qù tī zú qiú zěn me yàng？

    女：不了 bù le，我要 wǒ yào（ ）家 jiā.

    A 回 huí   B 出 chū   C 到 dào

52. 女：你怎么没和他们一起去跑步 nǐ zěn me méi hé tā men yì qǐ qù pǎo bù？

    男：（ ）不好 bù hǎo，活动临时取消了 huó dòng lín shí qǔ xiāo le。

    A 远 yuǎn   B 疼 téng   C 天气 tiān qì

53. 男：外面还冷吗 wài miàn hái lěng ma？

    女：太阳出来了 tài yáng chū lái le，（ ）还有点儿冷 hái yǒu diǎn er lěng。

    A 因为 yīn wéi   B 但是 dàn shì   C 所以 suǒ yǐ

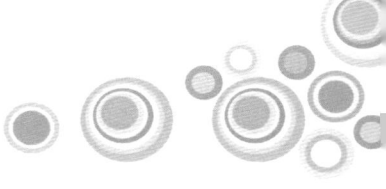

54. 女：车站远不远 chē zhàn yuǎn bù yuǎn?

    男：转个弯就到了 zhuǎn gè wān jiù dào le，很 hěn（　）。

    A　热 rè　　　　B　近 jìn　　　　C　远 yuǎn

55. 男：你的 nǐ de（　）怎么红了 zěn me hóng le？

    女：刚刚外面下雪了 gāng gāng wài miàn xià xuě le，太冷了 tài lěng le！

    A　手 shǒu　　　B　眼睛 yǎn jīng　　C　鼻子 bí zi

56. 女：你知道什么外面是绿的 nǐ zhī dào shén me wài miàn shì lǜ de，里面却是红色的吗 lǐ miàn què shì hóng sè de ma？

    男：是 shì（　）吗 ma？

    A　鸡蛋 jī dàn　　B　西瓜 xī guā　　C　苹果 píng guǒ

57. 男：您好 nín hǎo，您想要买些什么 nín xiǎng yào mǎi xiē shén me？

    女：我想买一 wǒ xiǎng mǎi yì（　）香蕉 xiāng jiāo。

    A　头 tóu　　　　B　瓶 píng　　　C　根 gēn

58. 女：这本书书店里 zhè běn shū shū diàn lǐ（ ）得很火 de hěn huǒ，好看吗 hǎo kàn ma？

   男：我觉得很好看 wǒ jué de hěn hǎo kàn，值得读一读 zhí dé dú yì dú。

   A 卖 mài　　　B 丢 diū　　　C 扔 rēng

59. 男：再喝一瓶果汁吗 zài hē yì píng guǒ zhī ma？

   女：不了 bù liǎo，我已经喝 wǒ yǐ jīng hē（ ）了 le。

   A 饿 è　　　B 饱 bǎo　　　C 快 kuài

60. 女：（ ）下雨了 xià yǔ le，太冷了 tài lěng le。

   男：出去的时候记得多穿点衣服 chū qù de shí hòu jì de duō chuān diǎn yī fu。

   A 左边 zuǒ biān　　　B 里面 lǐ miàn　　　C 外面 wài miàn

梦想中国语 模拟考试

新中小学生汉语考试

YCT （三级）8

注　意

一、YCT（三级）分两部分：

1. 听力（35 题，约 20 分钟）

2. 阅读（25 题，共 25 分钟）

二、答案先写在试卷上，最后 5 分钟再写在答题卡上。

三、全部考试约 55 分钟（含考生填写个人信息时间 5 分钟）。

梦想中国语 模拟考试

一、听力

第一部分

第 1-10 题

例如：	(西瓜)	×
	(老虎)	√
1.	(小狗)	
2.	(面包)	
3.	(男孩)	

梦想中国语 模拟考试

4.		
5.		
6.		
7.		
8.		
9.		
10.		

第二部分

第 11-15 题

A

B

C

D

E

F

例如：　男：起床吧。Qǐ chuáng ba.

女：不，我想再睡10分钟。Bù, wǒ xiǎng zài shuì 10 fēn zhōng.　　**E**

11.

12.

13.

14.

15.

第 16-20 题

A

B

C

D

E

16. ☐

17. ☐

18. ☐

19. ☐

20. ☐

第三部分

第 21-30 题

例如： 你怎么了 nǐ zěn me le?

A 我知道 wǒ zhī dào　　B 为什么 wèi shén me　　C 没事儿 méi shì er √

21. A 画完了 huà wán le　　B 太阳 tài yáng　　C 绿色 lǜ sè

22. A 不可以 bù kě yǐ　　B 八块钱 bā kuài qián　　C 果汁 guǒ zhī

23. A 天气好 tiān qì hǎo　　B 第二次 dì èr cì　　C 我有事 wǒ yǒu shì

24. A 饿 è　　B 包子 bāo zi　　C 牛奶 niú nǎi

25. A 两只 liǎng zhī　　B 两瓶 liǎng píng　　C 两箱 liǎng xiāng

26. A 怎么了 zěn me le　　B 没意思 méi yì sī　　C 没问题 méi wèn tí

27. A 桌子上 zhuō zi shàng　　B 正在 zhèng zài　　C 还没有 hái méi yǒu

28. A 听不见 tīng bù jiàn　　B 没意思 méi yì sī　　C 我朋友 wǒ péng yǒu

29. A 不多 bù duō　　B 不少 bù shǎo　　C 不远 bù yuǎn

30. A 没问题 méi wèn tí　　B 我看看 wǒ kàn kan　　C 她哭了 tā kū le

梦想中国语 模拟考试

第四部分

第 31-35 题

例如：男：今天几号了 Jīn tiān jǐ hào le?

女：今天三号 Jīn tiān sān hào，明天就是你的生日 Míng tiān jiù shì nǐ de shēng rì。

问：哪天是他的生日 Nǎ tiān shì tā de shēng rì?

A 三号 sān hào   B 4号 sì hào ✓   C 今天 jīn tiān

31. A 哭了 kū le   B 不喜欢香蕉 bù xǐ huān xiāng jiāo   C 妈妈不在 mā ma bú zài

32. A 老虎 lǎo hǔ   B 猴子 hóu zi   C 不知道 bù zhī dào

33. A 累了 lèi le   B 不想打球 bù xiǎng dǎ qiú   C 生气 shēng qì

34. A 前天 qián tiān   B 昨天 zuó tiān   C 今天 jīn tiān

35. A 会 huì   B 不会 bú huì   C 不知道 bù zhī dào

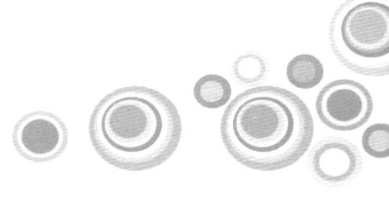

二、阅读

第一部分

第 36-40 题

A

B

C

D

E

F

例如：
A：你没有脚吗？
Nǐ méi yǒu jiǎo ma?

B：是的，我没有脚，但是我可以走。
Shì de, wǒ méi yǒu jiǎo, dàn shì wǒ kě yǐ zǒu.

F

36.
A：你在干嘛啊？还不睡觉？
Nǐ zài gàn ma a? hái bù shuì jiào?
B：我在画画呢。
Wǒ zài huà huà ne.

37.
A：放学就早点回家吧，不要在外面玩啦。
Fàng xué jiù zǎo diǎn huí jiā ba, bú yào zài wài miàn wán la.
B：我知道啦。
Wǒ zhī dào la.

38.
A：它的鼻子很长很长，是我见过最大的动物。
Tā de bí zi hěn cháng hěn cháng, shì wǒ jiàn guò zuì dà de dòng wù.
B：它的鼻子还会喷水呢。
Tā de bí zi huái huì pēn shuǐ ne.

39.
A：不要光吃菜，多吃点肉啊，你太瘦了。
Bú yào guāng chī cài, duō chī diǎn ròu a, nǐ tài shòu le.
B：我吃着呢。
Wǒ chī zhe ne.

40.
A：这个水果外面是红的，里面竟然也是红色的。
Zhè ge shuǐ guǒ wài miàn shì hóng de, lǐ miàn jìng rán yě shì hóng sè de.
B：是啊，太神奇了。
Shì a, tài shén qí le.

第二部分

第 41-45 题

例如:

A 你走得太快。Nǐ zǒu de tài kuài.

B 我今年三年级了。Wǒ jīn nián sān nián jí le.

C 现在给奶奶打个电话。Xiàn zài gěi nǎi nai dǎ gè diàn huà. √

41.

A 他的新书包真漂亮。Tā de xīn shū bāo zhēn piào liang.

B 你要吃面包还是面条？Nǐ yào chī miàn bāo hái shì miàn

C 你想喝点什么吗？Nǐ xiǎng hē diǎn shén me ma?

42.

A 欢迎你的到来。Huān yíng nǐ de dào lái.

B 这是您点的面条。Zhè shì nín diǎn de miàn tiáo.

C 你怎么又不舒服了？Nǐ zěn me yòu bù shū fu le?

43.

A 你的猫去哪了？Nǐ de māo qù nǎ le?

B 今天的雨下得好大。Jīn tiān de yǔ xià de hǎo dà.

C 你能跳个舞给我看看吗？Nǐ néng tiào gè wǔ gěi wǒ kàn kan ma?

44.

A 狗狗喝牛奶吗？Gǒu gǒu hē niú nǎi ma?

B 再过两天我就五岁了。Zài guò liǎng tiān wǒ jiù wǔ suì le.

C 中午我想吃米饭。Zhōng wǔ wǒ xiǎng chī mǐ fàn.

45.

A 再见，明天校门口见。Zài jiàn, míng tiān xiào mén kǒu jiàn.

B 可以走快一点吗？快迟到了。Kě yǐ zǒu kuài yì diǎn ma? kuài chí dào le.

C 你想喝点什么,果汁还是牛奶？Nǐ xiǎng hē diǎn shén me, guǒ zhī háishì niú

第三部分

第 46-50 题

例如：女：这本书是谁的 zhè běn shū shì shéi de?

男：（ C ）。

    A 在家里 zài jiā lǐ   B 没意思 méi yì si   C 我朋友的 wǒ péng yǒu de

46. 女： 您好 nín hǎo，一个西瓜多少钱 yí gè xī guā duō shǎo qián?

    男：（　　　）。

    A 十块钱 shí kuài qián   B 您好 nín hǎo   C 不卖 bú mài

47. 女： 这条裙子卖多少钱 zhè tiáo qún zi mài duō shǎo qián?

    男：（　　　）。

    A 太胖 tài pàng   B 150块钱 150 kuài qián   C 不知道 bù zhī dào

48. 女： 鼻子在眉毛的哪里 bí zi zài méi máo de nǎ lǐ?

    男：（　　　）。

A 感冒 gǎn mào　　B 上面 shàng miàn　　C 下面 xià miàn

49. 女：明天一起出去玩吗 míng tiān yì qǐ chū qù wán ma?

    男：（　　　）。

    A 吃早饭 chī zǎo fàn　　B 踢足球 tī zú qiú　　C 一起呗 yì qǐ bei

50. 女：你知道嘴巴的嘴怎么写吗 nǐ zhī dào zuǐ bā de zuǐ zěn me xiě ma?

    男：（　　　）。

    A 我知道 wǒ zhī dào　　B 可以 kě yǐ　　C 有时候 yǒu shí hòu

梦想中国语 模拟考试

第四部分

第 51-60 题

例如：女：你喜欢什么（ A ） nǐ xǐ huān shén me？

男：我喜欢踢足球 wǒ xǐ huān tī zú qiú，也喜欢打篮球 yě xǐ huān dǎ lán qiú。

    A 运动 yùn dòng   B 电影 diàn yǐng   C 颜色 yán sè

51. 男：生日 shēng rì （ ）！

    女：谢谢你的祝福 xiè xie nǐ de zhù fu，我很开心 wǒ hěn kāi xīn。

    A 高兴 gāo xìng   B 快乐 kuài lè   C 欢迎 huān yíng

52. 女：你平常怎么上学 nǐ píng cháng zěn me shàng xué？

    男：我爸爸 wǒ bà ba （ ）车送我 chē sòng wǒ。

    A 拿 ná   B 坐 zuò   C 开 kāi

53. 男：我们的教室是哪一间 wǒ men de jiào shì shì nǎ yì jiān？

    女：是 shì（ ）那一间 nà yī jiàn，右边的这间是办公室 yòu biān de zhè jiān shì bàn gōng shì。

A 左边 zuǒ biān　　B 上面 shàng miàn　　C 外面 wài miàn

54. 女：你要哪个西瓜 nǐ yào nǎ ge xī guā，大的还是小的 dà de hái shì xiǎo de？

　　男：两个 liǎng ge（ ）要 yào。

　　A 最 zuì　　B 都 dōu　　C 再 zài

55. 男：外面还热吗 wài miàn hái rè ma？

　　女：下过一场雨了 xià guò yì chǎng yǔ le，（ ）不算很热 bù suàn hěn rè。

　　A 因为 yīn wèi　　B 但是 dàn shì　　C 所以 suǒ yǐ

56. 女：你喜欢吃什么 nǐ xǐ huān chī shén me（ ）？

　　男：我喜欢饺子 wǒ xǐ huān jiǎo zi，也喜欢包子 yě xǐ huān bāo zi。

　　A 运动 yùn dòng　　B 菜 cài　　C 颜色 yán sè

57. 男：你和妈妈分开这么久 nǐ hé mā mā fēn kāi zhè me jiǔ，

　　　你有没有 nǐ yǒu méi yǒu（ ）她打电话 tā dǎ diàn huà？

　　女：我昨天就打过啦 wǒ zuó tiān jiù dǎ guò la。

　　A 走 zǒu　　B 读 dú　　C 给 gěi

135

梦想中国语 模拟考试

58. 女：谁有绿茶 shúi yǒu lǜ chá?

   男：我有 wǒ yǒu，但是没有 dàn shì méi yǒu（ ）了 le，喝不了 hē bù liǎo。

   A 米饭 mǐ fàn　　B 热水 rè shuǐ　　C 面包 miàn bāo

59. 男：这本书书店里卖得很 zhè běn shū shū diàn lǐ mài de hěn（ ），好看吗 hǎo kàn ma?

   女：我觉得很好看 wǒ jué de hěn hǎo kàn，值得读一读 zhí dé dú yī dú。

   A 差 chà　　B 好 hǎo　　C 强 qiáng

60. 女：外面很 wài miàn hěn（ ），你记得多穿点衣服 nǐ jì de duō chuān diǎn yī fu。

   男：好的 hǎo de，我知道了 wǒ zhī dào le。

   A 热 rè　　B 冷 lěng　　C 沉 chén

梦想中国语 模拟考试

<YCT 3급 실전 모의고사 1> 본문 및 해석

1. 听力 듣기

第一部分 제1부분

	중국어	병음	한국어
1	我想去商店买生日礼物。	Wǒ xiǎng qù shāng diàn mǎi shēng rì lǐ wù.	저는 생일 선물을 사러 슈퍼에 가려고 해요.
2	听说他的爸爸是位医生。	Tīng shuō tā de bà ba shì wèi yī shēng.	그의 아빠는 의사라고 들었어요.
3	我们后天一起看电影吧。	Wǒ men hòu tiān yì qǐ kàn diàn yǐng ba.	우린 모레에 같이 영화를 보러 가요.
4	快打开电视, 节目就要开始了。	Kuài dǎ kāi diàn shì, jié mù jiù yào kāi shǐ le.	티비를 빨리 켜요, 프로그램이 곧 시작해요.
5	他每天开车上班。	Tā měi tiān kāi chē shàng bān.	그는 매일 운전해서 출근 가요.
6	这个包子太大了, 我吃不下了。	Zhè ge bāo zi tài dà le, wó chī bú xià le.	이 찐빵은 너무 커서 못 먹겠어요.
7	快给你妈妈打个电话吧, 她该着急了。	Kuài gěi nǐ mā mā dǎ gè diàn huà ba, tā gāi zháo jí le.	빨리 엄마한테 전화해요, 걱정하시겠어요.
8	明天早点起, 我们要去赶飞机呢。	Míng tiān zǎo diǎn qǐ, wǒ men yào qù gǎn fēi jī ne.	내일 일찍 일어나요, 우린 비행기를 타야 해요.
9	我姐姐感冒了。	Wǒ jiě jie gǎn mào le.	언니는 감기를 걸렸어요.
10	帮我买一杯果汁好吗?	Bāng wǒ mǎi yì bēi guǒ zhī hǎo ma?	저를 도와 주스 한잔 사 주셔도 되나요?

第二部分 제2부분

	중국어	병음	한국어
11	男: 你为什么哭了? 女: 我的小狗丢了。	Nǐ wèi shé me kū le? Wǒ de xiǎo gǒu diū le.	남: 왜 울어요? 여: 제 강아지가 잃어 버렸어요.
12	男: 我们一起走到车站吧。 女: 好的, 快走吧。	Wǒ men yì qǐ zǒu dào chē zhàn ba! Hǎo de, kuài zǒu ba.	남: 우리 기차역까지 같이 갑시다. 여: 네, 빨리 갑시다.
13	女: 你的妈妈是中国人吗? 男: 不是, 她是美国人。	Nǐ de mā mā shì zhōng guó rén ma? Bú shì, tā shì měi guó rén.	여: 당신의 엄마는 중국인이세요? 남: 아니요, 그녀는 미국인이세요.
14	男: 听说你的哥哥是医生? 女: 是的, 他学习一直很好。	Tīng shuō nǐ de gē gē shì yī shēng? Shì de, tā de xué xí yì zhí hěn hǎo.	남: 당신의 오빠가 의사라면서요? 여: 네, 그는 공부를 줄곧 잘 했어요.
15	女: 你喜欢吃饺子吗? 男: 不, 我比较喜欢吃蛋糕。	Nǐ xǐ huān chī jiǎo zi ma? Bù, wǒ bǐ jiào xǐ huān chī dàn gāo.	여: 당신은 만두를 좋아해요? 남: 아니요, 전 케이크를 더 좋아해요.
16	女: 他在做什么呢? 男: 他在打篮球呢。	Tā zài zuò shén me ne? Tā zài dǎ lán qiú ne.	여: 그는 뭘 하고 있어요? 남: 그는 농구를 하고 있어요.
17	男: 你怎么哭了? 女: 我不想再跳舞了。	Nǐ zěn me kū le? Wǒ bù xiǎng zài tiào wǔ le.	남: 당신은 왜 울었어요? 여: 더 이상 춤을 추고 싶지 않아요.
18	女: 多穿点衣服, 外面刮风了。 男: 好的。	Duō chuān diǎn yī fú, wài miàn guā fēng le. Hǎo de.	여: 옷을 좀 많이 입어요. 밖에 바람이 불어요. 남: 네.
19	男: 他一会儿要干什么? 女: 他要和朋友一起游泳。	Tā yí huì ér yào gàn shén me? Tā yào hé péng yǒu yì qǐ yóu yǒng.	남: 그는 이따가 뭐 할 거예요? 여: 그는 친구와 같이 수영하러 갈 거예요.
20	女: 你想喝西瓜汁吗? 男: 不了, 我想喝牛奶。	Nǐ xiǎng hē xī guā zhī ma? Bù le, wǒ xiǎng hē niú nǎi.	여: 당신은 수박 주스를 드실래요? 남: 아니에요, 저는 우유를 마시고 싶어요.

第三部分 제3부분

	중국어	병음	한국어
21	你准备什么时候去跳舞？	Nǐ zhǔn bèi shén me shí hòu qù tiào wǔ?	당신은 언제 춤을 추러 가요?
22	请你帮我把电脑打开，好吗？	Qǐng nǐ bāng wǒ bǎ diàn nǎo dǎ kāi, hǎo ma?	저를 도와 컴퓨터 좀 켜 주셔도 되나요?
23	请问今天是星期几？	Qǐng wèn jīn tiān shì xīng qí jǐ?	오늘은 무슨 요일이에요?
24	你是哪国人？	Nǐ shì nǎ guó rén?	당신은 어느 나라 사람이에요?
25	我们的飞机是几点的？来得及吗？	Wǒ men de fēi jī shì jǐ diǎn de? Lái dé jí ma?	우리 비행기는 몇 시예요? 아직 시간이 있어요?
26	你们谁会唱歌？	Nǐ men shuí huì chàng gē?	당신들 중에 누가 노래를 부를 줄 아세요?
27	去商店还需要多久？我已经累了。	Qù shāng diàn hái xū yào duō jiǔ? Wǒ yǐ jīng lèi le.	상점에 얼마나 더 가야 해요? 저는 이미 피곤해졌어요.
28	晚上你想吃什么？	Wǎn shàng nǐ xiǎng chī shén me?	저녁에는 무엇을 먹고 싶어요?
29	八月有多少天？	Bā yuè yǒu duō shǎo tiān?	8월에는 몇 일이 있어요?
30	小明为什么不来打篮球？	Xiǎo míng wèi shé me bù lái dǎ lán qiú?	샤오밍은 왜 농구하러 오지 않아요?

第四部分 제4부분

例如：

男：今天几号了 Jīn tiān jǐ hào le？ 남: 오늘은 몇 일이에요?

女：今天三号 Jīn tiān sān hào，明天就是你的生日 Míng tiān jiù shì nǐ de shēng rì。

　　여: 오늘은 3일이이에요. 내일은 바로 당신 생일이잖아요.

问：哪天是他的生日 Nǎ tiān shì tā de shēng rì？ 어느 날은 그 남자의 생일이에요?

	중국어	병음	한국어
31	男：现在是几月了？ 女：八月了，再过一个月就要开学了。 问：现在是几月？	Xiàn zài shì jǐ yuè le? Bā yuè le, zài guò yí gè yuè jiù yào kāi xué le. wèn: Xiàn zài shì jǐ yuè?	남: 지금은 몇 월이에요? 여: 8월이에요, 1달 더 있으면 개학해요. 지금은 몇 월이에요?
32	女：你好，我想要一瓶果汁。 男：好的，您稍等。 问：女的在做什么？	Nǐ hǎo, wǒ xiǎng yào yì píng guǒ zhī. Hǎo de, nín shāo děng wèn: Nǚ de zài zuò shén me?	여: 안녕하세요, 주스를 한 병 주세요. 남: 네. 잠시만 기다려 주세요. 여자는 뭘 하고 있어요?
33	男：绿色和黄色你喜欢哪个颜色？ 女：我都不喜欢，我喜欢红色。 问：女的喜欢什么颜色？	Lǜ sè hé huáng sè nǐ xǐ huān nǎ gè yán sè? Wǒ dōu bù xǐ huān.wǒ xǐ huān hóng sè. wèn: Nǚ de xǐ huān shén me yán sè?	남: 초록색과 노란색 중에 어느 색을 좋아해요? 여: 다 싫어요. 저는 빨간색이 좋아요. 여자는 어떤 색깔을 좋아해요?
34	男：还有多久登机呀？ 女：再过半小时吧。 问：她们现在在哪里？	Hái yǒu duō jiǔ dēng jī ya? Zài guò bàn xiǎo shí ba. wèn: Tā men xiàn zài zài nǎ lǐ?	남: 비행기 탑승까지 시간이 얼마나 남았어요? 여: 30분정도예요. 그들은 지금 어디에 있어요?
35	女：小明，你看见我的书包了吗？ 　　刚刚还在这呢。 男：我放到椅子上了。	Xiǎo míng.nǐ kàn jiàn wǒ de shū bāo le ma? gāng gāng hái zài zhè ne. Wǒ fàng dào yǐ zi shàng le.	여: 소명 씨,제 가방을 봤어요? 　　아까 여기 있었는데요. 남: 의자에 올려 놨어요.

2. 阅读 읽기

第一部分 제1부분

보기: A: 당신 발이 없으세요? B: 네, 전 발이 없어요, 근데 저는 걸을 수 있어요.

36. A: 왜 그 가방을 안 샀어요? B: 전 그런 스타일을 안 좋아해요.

37. A: 안녕하세요? 통화하지 않으시면 좋겠어요. B: 네.

38. A: 아빠, 제 강아지는요? B: 말을 하지 마요. 거기서 자고 있어요.

39. A: 왜 그래요? 왜 이렇게 기분이 안 좋아요? B: 티비가 고장 나서 보고 싶은 프로그램을 못 봐서요.

40. A: 전 좀 아파요. B: 어서 와요, 약을 먹어요.

第二部分 제2부분

보기 A 당신은 너무 빨리 걸어요.   B 저는 올해 3학년이 됐어요.   C 지금 할머니에게 전화를 하고 있어요.

41. A 저는 방금 터미널에서 돌아왔어요.   B 그는 방금 교실에 도착했어요.   C 우리는 지금 학교로 가는 중이에요.

42. A 장미꽃을 따지 마세요.   B 이 쥬스는 누가 시켰어요?   C 당신의 자전거가 어디에 있어요?

43. A 저는 올해 3학년이에요.   B 강아지가 잠들었어요.   C 이 바나나는 정말 맛있어요.

44. A. 당신의 방은 어느 것이에요?   B. 들어오세요.   C. 앉으세요.

45. A. 제 연필을 주세요.   B. 천만예요.   C. 도와 주셔서 감사해요.

第三部分 제3부분

보기 여: 이 책은 누구의 거예요?   남: 제 친구의 거예요.

46. 남: 팬다는 눈이 몇 개 있어요?   여: 두 개 있어요.

47. 여: 선생님, 도와 주셔서 감사해요.   남: 천만예요.

48. 남: 제가 새로 산 바지를 봤어요?   여: 의자 위에 있어요.

49. 여: 우유와 주스 중 어느 것을 드시겠어요?   남: 다 괜찮아요.

50. 남: 병원은 여기서 멀어요?   여: 멀지 않아요.

第四部分 제4부분

보기 여: 당신은 무슨 운동을 좋아해요?   남: 저는 축구과 농구를 다 좋아해요.

51. 남: 당신은 어떤 음식을 좋아해요?   여: 저는 물만두 그리고 찐빵을 좋아해요.

52. 여: 바나나를 드실래요?   남: 아니오, 저는 배고프지 않아요.

53. 남: 옷을 많이 입어요. 밖에 비가와서 기온이 내렸어요.   여: 네.

54. 여: 이 동물의 이름이 뭐예요?   남: 그것은 원숭이라고 불러요.

55. 남: 정류장을 찾을 수 있나요?   여: 물론 찾을 수 있지요. 나가서 좌회전하지요?

56. 여: 비가 올 것 같으니 나가서 농구하지 마세요.   남: 잠깐 나가 볼게요.

57. 남: 제가 마실 것을 사러 나갈 건데 뭐 좀 사 줄까요?   여: 우유 두 병만 사 줘요. 고마워요.

58. 여: 당신은 작년에 베이징에 어떻게 갔어요?   남: 저는 비행기를 타고 갔어요.

59. 남: 생일 축하해요!   여: 생일 선물을 주셔서 감사해요!

60. 여: 어제 밤에 그를 못 봤어요?   남: 그는 피부가 너무 까매서 보았는지 모르겠어요.

<YCT 3급 실전 모의고사 2> 본문 및 해석

1. 听力 듣기

第一部分 제1부분

	중국어	병음	한국어
1	欢迎你来到我的卧室。	Huān yíng nǐ lái dào wǒ de wò shì.	제 방에 온 것을 환영해요.
2	我每天的早饭都是面包。	Wǒ měi tiān de zǎo fàn dōu shì miàn bāo.	저는 매일 아침엔 빵을 먹어요.
3	她买了一件白色的衣服。	Tā mǎi le yí jiàn bái sè de yī fu.	그녀는 하얀색의 옷을 샀어요.
4	我的新朋友是短头发。	Wǒ de xīn péng yǒu shì duǎn tóu fà.	저의 새 친구의 머리카락이 짧아요.
5	明天我要和小明一起踢足球。	Míng tiān wǒ yào hé xiǎo míng yì qǐ tī zú qiú.	내일 저는 샤오밍과 함께 축구를 할 것이예요.
6	他一回家就开始上网。	Tā yì huí jiā jiù kāi shǐ shàng wǎng.	그는 집에 돌아오자마자 인터넷을 하기 시작했어요.
7	小孩子要多吃水果啊, 对身体好。	Xiǎo hái zi yào duō chī shuǐ guǒ a, duì shēn tǐ hǎo.	어린애가 과일을 많이 먹어야지요, 몸에 좋아요.
8	洗过澡就早点休息吧。	Xǐ guò zǎo jiù zǎo diǎn xiū xi ba.	샤워 마치고 일찍 쉬세요.
9	好冷啊, 外面都下雪了!	Hǎo lěng a, wài miàn dōu xià xuě le!	정말 춥네요, 밖에 눈이 벌써 왔군요!
10	这里还有一根香蕉。	Zhè lǐ hái yǒu yì gēn xiāng jiāo.	여기에 바나나가 하나 더 있어요.

第二部分 제2부분

	중국어	병음	한국어
1	男: 他今天下午要去干什么? 女: 他要去游泳。	Tā jīn tiān xià wǔ yào qù gàn shén me? Tā yào qù yóu yǒng.	남: 그는 오후엔 뭐 할 거예요? 여: 그는 수영하러 갈 거예요.
2	男: 这个星期六一起去看电影吧! 女: 好的, 没问题。	Zhè ge xīng qí liù yī qǐ qù kàn diàn yǐng ba! Hǎo de, méi wèn tí.	남: 이번주 토요일에 같이 영화를 보러 가요! 여: 그래요, 문제 없어요.
3	男: 今天学校里怎么没有人? 女: 因为我们放假了。	Jīn tiān xué xiào lǐ zěn me méi yǒu rén? Yīn wèi wǒ men fàng jià le.	남: 오늘 학교 안에 왜 사람이 없어요? 여: 우리 방학했으니까요.
4	男: 你怎么了? 女: 我感冒了, 头疼得厉害。	Nǐ zěn me le? Wǒ gǎn mào le, tóu téng dé lì hài.	남: 당신 괜찮아요? 여: 감기에 걸려서 머리가 정말 아프네요.
5	男: 你放假后打算去做什么? 女: 我要和孩子去动物园。	Nǐ fàng jià hòu dǎ suàn qù zuò shén me? Wǒ yào hé hái zi qù dòng wù yuán.	남: 방학한 후에 뭘 할 려고 해요? 여: 저는 아이랑 동물원에 갈 거예요.
6	女: 别上网了, 快写作业吧。 男: 好的, 再等五分钟!	Bié shàng wǎng le, kuài xiě zuò yè ba. Hǎo de, zài děng wǔ fēn zhōn!	여: 인터넷을 그만하고 숙제를 빨리 하세요. 남: 그래요, 5분 더 기다려요!
7	男: 你怎么这么开心? 女: 我爸爸送了我一只很可爱的小狗。	Nǐ zěn me zhè me kāi xīn? Wǒ bà ba sòng le wǒ yì zhī hěn kě ài de xiǎo gǒ	남: 왜 이렇게 즐거워요? 여: 아빠가 귀여운 강아지 한 마리 선물해 줬어요.
8	女: 你们找到车站了吗? 男: 找到了。	Nǐ men zhǎo dào chē zhàn le ma? Zhǎo dào le.	여: 기차역을 찾았어요? 남: 찾았어요.
9	男: 你平常喜欢干什么? 女: 我喜欢唱歌和跳舞。	Nǐ píng cháng xǐ huān gàn shén me? Wǒ xǐ huān chàng gē hé tiào wǔ.	남: 평소에 뭐 하는 걸 좋아해요? 여: 저는 노래하는 것과 춤추는 것을 좋아해요.

梦想中国语 模拟考试

| 20 | 女：给你，这是你的生日礼物。
男：谢谢你！你怎么知道我喜欢打篮球的？ | Gěi nǐ, zhè shì nǐ de shēng rì lǐ wù.
Xiè xie nǐ! Nǐ zěn me zhī dào wǒ xǐ huān dǎ lán qiú De? | 여: 자, 이것은 당신의 생일 선물이에요.
남: 고마워요! 제가 농구를 좋아하는 것을 어떻게 아셨어요? |

第三部分 제3부분

	중국어	병음	한국어
21	明天早上吃蛋糕，好吗？	Míng tiān zǎo shàng chī dàn gāo, hǎo ma?	내일 아침에 케이크를 먹을까요?
22	昨天坐在你旁边的人是谁？	Zuó tiān zuò zài nǐ páng biān de rén shì shéi?	어제 당신 옆에 앉은 사람은 누구예요?
23	我准备明天八点起床上学。	Wǒ zhǔn bèi míng tiān bā diǎn qǐ chuáng	제가 내일 8시에 일어나서
24	你出门的时候有没有关电视？	Nǐ chū mén de shí hòu yǒu méi yǒu guān diàn shì?	외출할 때 티비를 껐어요?
25	我们要去的商店在学校哪儿啊？	Wǒ men yào qù de shāng diàn zài xué xiào nǎ ér a?	우리 갈 상점은 학교의 어디쯤에 있어요?
26	今天是星期几？	Jīn tiān shì xīng qī jǐ?	오늘이 무슨 요일이에요?
27	你的眼睛长得真好看。	Nǐ de yǎn jīng zhǎng de zhēn hǎo kàn.	눈이 참 예쁘시네요.
28	我想去动物园看老虎，你想看什么？	Wǒ xiǎng qù dòng wù yuán kàn lǎo hǔ, nǐ xiǎng kàn shén me?	동물원에 호랑이를 보러 갈 건데 당신은?
29	你的头发真长，什么时候开始留头发的？	Nǐ de tóu fǎ zhēn cháng, shén me shí hòu kāi shǐ liú tóu fà de?	머리가 정말 기시네요. 언제부터 길렀어요?
30	你每天什么时候去打篮球？	Nǐ měi tiān shén me shí hòu qù dǎ lán qiú?	당신은 매일 언느 시간에 농구하러 가요?

第四部分 제4부분

	중국어	병음	한국어
31	男：小红，你为什么又迟到？ 女：我早上起晚了。 问：小红为什么迟到？	Xiǎo hóng, nǐ wèi shén me yòu chí dào? Wǒ zǎo shàng qǐ wǎn le. wèn: Xiǎo hóng wèi shén me chí dào?	남: 샤오홍, 너 왜 또 늦었어? 여: 아침에 늦게 일어났어요. 샤오홍은 왜 늦었어요?
32	女：我们等会一起去游泳吗？ 男：我和同学约好了去踢足球。 问：男生一会要干什么？	Wǒ men děng huì yì qǐ qù yóu yǒng ma? Wǒ hé tóng xué yuē hǎo le qù tī zú qiú. wèn: Nán shēng yí huì yào gàn shén me?	여: 우리 이따가 같이 수영하러 갈까요? 남: 동창들과 축구하러 가기로 했어요. 남자는 이따가 뭘 할 거예요?
33	男：今天几号了？ 女：今天二号了，后天我就过生日了。 问：哪天是她的生日？	Jīn tiān jǐ hào le? Jīn tiān èr hào le, hòu tiān wǒ jiù guò shēng rì le. wèn: Nǎ tiān shì tā de shēng rì?	남: 오늘 몇 일이죠? 여: 오늘은 2일인데 모레는 제 생일이에요. 어느 날이 그녀의 생일인가요?
34	男：今年生日你想要什么礼物？ 女：不要再送我书包了，我想要一台电脑。 问：女生想要什么礼物？	Jīn nián shēng rì nǐ xiǎng yào shén me lǐ wù? Bú yào zài sòng wǒ shū bāo le, wǒ xiǎng yào yì tái diàn nǎo. wèn: Nǚ shēng xiǎng yào shén me lǐ wù?	남: 이번 생일에 어떤 선물을 원하세요? 여: 가방 말고 컴퓨터를 하나 받고 싶어요. 여자가 원하는 선물은 뭐예요?
35	女：天气预报怎么说？ 男：现在天气很好，但等会会下雨。 问：等会什么天气？	Tiān qì yù bào zěn me shuō? Xiàn zài tiān qì hěn hǎo, dàn děng huì huì xià yǔ. wèn: Děng huì shén me tiān qì?	여: 일기예보가 뭐라고 했어요? 남: 지금은 날씨가 좋지만 이따가 비 와요. 이따가 날씨가 어때요?

2. 阅读 읽기

第一部分 제1부분

36. A: 이 책은 누구의 거예요?   B: 내 거야, 어제 새로 샀어.

37. A: 팬다의 귀가 무슨 색인지 아세요?   B: 검은 색이에요.

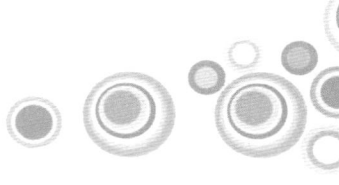

38. A: 작년에 해외에 놀러 갔을 때 뭘 타고 갔어요?   B: 비행기 타고 갔어요.
39. A: 밥과 빵, 점심은 어떤 걸로 먹을까요?   B: 빵 먹고 싶어요.
40. A: 선생님, 이 문제는 좀 이해가 안 되는데요. 더 설명해 주시겠어요?   B: 그래요.

第二部分 제2부분

41. A. 말하지 마세요.   B. 그녀는 울었어요.   C. 그는 밝게 웃었어요.
42. A. 바지가 좀 길어요.   B. 치마가 좀 커요.   C. 우리 좀 천천히 갑시다.
43. A. 잘 됐네요. 전 드디어 살이 빠졌어요   B. 저는 요즘 살이 좀 쪘어요.   C. 이 우유는 누가 시켰어요?
44. A. 그녀는 기분이 별로 좋지 않아요.   B. 제 발을 베었어요.   C. 당신의 펜은요?
45. A. 그녀는 수영을 매우 좋아해요.   B. 그들은 수업한 후 농구 가기로 했어요.   C. 그는 축구를 안 좋아해요.

第三部分 제3부분

46. 여: 우리 집의 텔레비전이 고장났는데 좀 봐 주시겠어요?   남: 좋아요.
47. 여: 당산은 어제 노트에 무엇을 그렸어요?   남: 달을 그렸어요.
48. 여: 이 옷은 누구의 거예요?   남: 제 거예요.
49. 여: 당신들는 언제 친구가 됐어요?   남: 오래 됐어요.
50. 여: 호랑이는 눈이 몇 개 있어요?   남: 두 개요.

第四部分 제4부분

51. 남: 이 옷이 정말 작아요. 이것은 당신의 거예요?   여: 제 거예요. 저에게 주세요.
52. 여: 제 컴퓨터가 고장나서 인터넷 안 돼요. 당신 걸 빌려도 될까요?   남: 네.
53. 남: 그만하자. 끊을 래요. 내일 보자.   여: 그래, 잘 자요.
54. 여: 빨리 일어나요. 늦겠어요.   남: 10분 더 자고 싶어요.
55. 남: 이 케이크 어디서 샀어요?   여: 저 혼자 만들었어요!
56. 여: 오늘 점심에 우리 뭐 먹을 까요?   남: 빵 먹자.
57. 남: 전에 서울에 와 본 적 있어요?   여: 있어요. 이번은 두 번째 온 거에요.
58. 여: 왜 그들과 같이 수영하러 가지 않았어요?   남: 날씨가 안 좋아 행사가 취소됐어요.
59. 남: 당신의 눈이 왜 빨갛죠?   여: 어제 책을 오래 읽어서 늦게 잤어요.
60. 여: 밖에 눈이 와서 너무 추워요.   남: 밖에 나갈 때 옷을 좀 더 입어요.

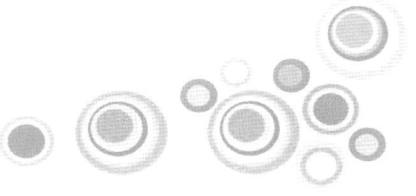

<YCT 3급 실전 모의고사 3> 본문 및 해석

1. 听力 듣기

第一部分 제1부분

	중국어	병음	한국어
1	她的眼睛是绿色的。	Tā de yǎn jīng shì lǜ sè de.	그녀의 눈은 녹색이에요.
2	明天一起去上学吧!	Míng tiān yì qǐ qù shàng xué ba!	내일 같이 학교에 가자!
3	熊猫的耳朵是黑色的。	Xióng mao de er duǒ shì hēi sè de.	팬다의 귀는 검은 색이에요.
4	出去时记得带雨伞。	Chū qù shí jì dé dài yǔ sǎn.	나갈 때는 우산을 챙겨요.
5	今天我有点不舒服。	Jīn tiān wǒ yǒu diǎn bù shū fú.	오늘 제가 좀 아파요.
6	有什么问题就说吧。	Yǒu shén me wèn tí jiù shuō ba.	문제가 있으면 말씀하세요.
7	刮风了,一会儿就该下雨了。	Guā fēng le, yí huǐ er jiù gāi xià yǔ le.	바람이 불었어요. 이따가 비가 오겠네요.
8	哥哥比我个子高。	Gē ge bǐ wǒ gè zi gāo.	형은 나보다 키가 커요.
9	这个蛋糕又漂亮又好吃。	Zhè gè dàn gāo yòu piào liàng yòu hǎo chī.	이 케이크는 예쁘고 맛있어요.
10	多吃蔬菜,对身体好。	Duō chī shū cài, duì shēn tǐ hǎo.	야채를 많이 먹는 것은 건강에 좋아요.

第二部分 제2부분

	중국어	병음	한국어
11	男: 快点起床,不然就坐不到公共汽车了。 女: 好的,我就来。	Kuài diǎn qǐ chuáng, bù rán jiù zuò bù dào gōng gòng qì chē le. Hǎo de, wǒ jiù lái.	남: 빨리 일어나요. 버스를 놓치겠어요. 여: 네, 곧 가요.
12	男: 这杯牛奶送给你,希望你快乐一点! 女: 谢谢你!	Zhè bēi niú nǎi sòng gěi nǐ, xī wàng nǐ kuài lè yì diǎn! Xiè xie nǐ!	남: 우유를 드려요, 기분 좋아졌으면 해요 여: 고마워요!
13	女: 这朵玫瑰花是在哪买的? 男: 在花园里摘的。	Zhè duǒ méi guī huā shì zài nǎ mǎi de? Zài huā yuán lǐ zhāi de.	여: 이 장미꽃을 어디서 샀어요? 남: 정원에서 땄어요.
14	男: 你上个月是怎么去北京的? 女: 我坐飞机去的。	Nǐ shàng gè yuè shì zěn me qù běi jīng de? Wǒ zuò fēi jī qù de.	남: 지난 달에 베이징에 어떻게 갔어요? 여: 비행기를 타고 갔어요.
15	女: 北京今年下过雪吗? 男: 还没有,就快下了吧。	Běi jīng jīn nián xià guò xuě ma? Hái méi yǒu, jiù kuài xià le ba.	여: 올해 베이징에 눈이 왔었어요? 남: 아직은 없어요, 곧 눈이 오겠죠.
16	女: 你怕动物园里的老虎吗? 男: 我不怕,我很喜欢它。	Nǐ pà dòng wù yuán lǐ de lǎo hǔ ma? Wǒ bú pà, wǒ hěn xǐ huān tā.	여: 동물원에 있는 호랑이가 무서워요? 남: 아니오. 저는 호랑이가 좋아요.
17	男: 不小心把你弄伤了,对不起。 女: 没关系。	nán: bù xiǎo xīn bǎ nǐ nòng shāng le, duì bù qǐ. Méi guān xì.	남: 실수로 당신을 다치게 해서 미안해요 여: 괜찮아요.
18	女: 还有一碗米饭,你吃吗? 男: 不了,我吃过面包了。	Hái yǒu yì wǎn mǐ fàn, nǐ chī ma? Bù le, wǒ chī guò miàn bāo le.	여: 밥 한 그릇 더 있는데, 드실래요? 남: 아니에요, 빵을 먹었어요.
19	男: 你刚刚从哪儿回来的? 女: 我刚从学校回来。	Nǐ gāng gāng cóng nǎ er huí lái de? Wǒ gāng cóng xué xiào huí lái.	남: 방금 어디서 돌아왔어요? 여: 학교에서 돌아왔어요.
20	女: 别上网了,快写作业吧。 男: 好的,再等五分钟!	nǚ: Bié shàng wǎng le, kuài xiě zuò yè ba. Hǎo de, zài děng wǔ fēn zhōng!	여: 인터넷은 그만하고 숙제를 빨리 해요 남: 네, 5분만 더 기다려요!

第三部分 제3부분

	중국어	병음	한국어
21	我们坐什么去北京？	Wǒ men zuò shén me qù běi jīng?	우리는 무엇을 타고 베이징에 가요?
22	妹妹手里拿的是什么？	Mèi mèi shǒu lǐ ná de shì shén me?	동생 손에 들고 있는 게 뭐예요?
23	我们吃过饭去看电影怎么样？	Wǒ men chī guò fàn qù kàn diàn yǐng zěn me yàng?	우린 밥을 먹고 영화 보러 가는 게 어때요?
24	肚子饿了吧？你想吃什么？	Dù zi è le ba？nǐ xiǎng chī shén me?	배가 고프죠. 뭐 먹고 싶어요?
25	祝你生日快乐！希望你开心！	Zhù nǐ shēng rì kuài lè！xī wàng nǐ kāi xīn！	생일 축하해요! 기쁘길 바래요!
26	王小姐坐几点的飞机？	Wáng xiǎo jiě zuò jǐ diǎn de fēi jī？	미스 왕은 몇 시에 비행기를 타요?
27	谁的普通话说得最好？	Shéi de pǔ tōng huà shuō de zuì hǎo？	누가 표준어를 가장 잘 해요?
28	出门的时候记得关门啊。	Chū mén de shí hòu jì de guān mén a。	집을 나갈 때 문 닫는 걸 기억해요.
29	昨天有人给我打电话吗？	Zuó tiān yǒu rén gěi wǒ dǎ diàn huà ma？	어제 저한테 전화 왔었어요?
30	你为什么回家不写作业？	Nǐ wèi shén me huí jiā bù xiě zuò yè？	당신은 왜 집에 와서 숙제를 안 해요?

第四部分 제4부분

	중국어	병음	한국어
31	男：已经八点了，小明还来吗？ 女：我也不知道，你打个电话问问他。 问：男的等会要做什么？	Yǐ jīng bā diǎn le , xiǎo míng hái lái ma？ nǔ：Wǒ yě bù zhī dào, nǐ dǎ gè diàn huà wèn wèn tā wèn：Nán de děng huì yào zuò shén me？	남: 벌써 8시인데 샤오밍이는 올 거예요? 여: 저도 몰라요. 전화해 봐요. 질문: 남자는 이따가 무엇을 할 거예요?
32	女：您好，我想要两支铅笔。 男：好的，稍等。 问：女的现在在哪里？	Nín hǎo, wǒ xiǎng yào liǎng zhī qiān bǐ Hǎo de, shāo děng。 wèn：Nǔ de xiàn zài zài nǎ lǐ？	여: 안녕하세요. 연필 두 개 주세요. 남: 네, 잠시만요. 질문: 여자는 지금 어디에 있어요?
33	男：你一般怎么上学？坐公交车吗？ 女：我骑自行车去。 问：她一般怎么上学？	Nǐ yì bān zěn me shàng xué？zuò gōng jiāo chē ma？ Wǒ qí zì xíng chē qù。 wèn：Tā yì bān zěn me shàng xué？	남: 보통 학교에 어떻게 가요? 버스로? 여: 자전거 타고 가요. 질문: 그녀는 보통 학교에 어떻게 가요?
34	男：可以给我一些药吗，我不太舒服。 女：好的，吃完你睡一会吧。 问：男的怎么了？	Kě yǐ gěi wǒ yì xiē yào ma,wǒ bú tài shū fu。 Hǎo de, chī wán nǐ shuì yì huǐ ba。 wèn：Nán de zěn me le？	남: 약 좀 줄 수 있어요? 전 좀 아파요. 여: 그래요, 먹고 잠깐 주무세요. 질문: 남자가 무슨 일이 있어요?
35	女：你的汉语怎么样？你认识多少字？ 男：我差不多都认识。 问：男的汉语怎么样？	Nǐ de hàn yǔ zěn me yàng?nǐ rèn shí duō shǎo zì？ Wǒ chà bù duō dōu rèn shí。 wèn：Nán de hàn yǔ zěn me yàng？	여: 중국어는 어때요? 한자를 몇 개 아세요? 남: 저는 거의 다 알아요. 질문: 남자의 중국어는 어때요?

2. 阅读 읽기

第一部分 제1부분

36. A: 우리 엄마는 매일 오후에 차 한 잔을 드셔야 해요.   B: 이것은 몸에 아주 좋아요.

37. A: 이 만년필이 누구의 것이에요? 정말 예쁘네요.   B: 우리 누나의 만년필이에요.

144

38. A: 인터넷은 그만해요. 언제 샤워할 거예요?

39. A: 텔레비전을 왜 껐어요? 아직 다 못 봤어요.

40. A: 잠깐만 기다려요, 차를 뒤쪽으로 세워 놓을 게요.

B: 조금만 있으면 씻을게요!

B: 너무 늦었어요. 우리는 자야 해요.

B: 좋아요

第二部分 제2부분

41. A. 책가방을 잘 메세요.   B. 제 책상이 고장났어요.   C. 제 의자는 없어졌어요.

42. A. 저는 올해 5학년이에요.   B. 저는 너무 먼다고 생각해요.   C. 우리 걸어서 기차역으로 가자.

43. A. 바나나 하나 줄게요.   B. 저는 이미 케이크를 다 먹었어요.   C. 다시 생각해 주세요.

44. A. 어디 아프세요?   B. 동물원에 가서 팬더를 보고 싶어요.   C. 저는 원숭이를 좋아해요. 영리해서요.

45. A. 수업이 마치고 같이 집에 가자.   B. 거기 물고기가 있군요.   C. 그것의 꼬리는 매우 길어요.

第三部分 제3부분

46. 여: 서울에 가 본 적이 있어요?   남: 작년에 가 봤어요.

47. 여: 그는 왜 이렇게 많이 울어요?   남: 싸웠어요.

48. 남: 누가 당신의 남자 친구예요?   여: 키가 큰 그 사람이에요.

49. 여: 당신들은 언제 알게 됐어요?   남: 지난 달이에요.

50. 남: 어서 나와요, 밖에 눈이 왔어요!   여: 너무 좋아요!

第四部分 제4부분

51. 남: 안녕하세요, 무엇을 사세요?   여: 만두 하나 사고 싶어요.

52. 여: 비가 왔는데, 이 우산을 챙겨 가세요.   남: 고마워요.

53. 남: 당신 치마가 정말 예뻐요.   여: 고마워요. 우리 엄마가 사 줬어요.

54. 여: 너무 더워서 우리 수영하러 가자.   남: 그래요. 제가 수영 바지를 가져 올게요.

55. 남: 귀는 검은 색이고, 그것이 무엇인지 맞춰 보세요.   여: 팬다죠!

56. 여: 어제 밤에 얼마동안 공부했어요?   남: 두 시간 공부했어요.

57. 남: 교실에는 학생이 다섯 명 있어요.   여: 좋아요, 그들이 6시에 저를 찾아와요.

58. 여: 뭐 더 마실래요?   남: 우유를 마실래요.

59. 남: 엄마, 배 고파요. 뭐 먹을 수 있어요?   여: 국수가 있어요.

60. 여: 왜 그들과 함께 농구하러 가지 않았어요?   남: 날씨가 나빠서 행사가 임시로 취소됐어요.

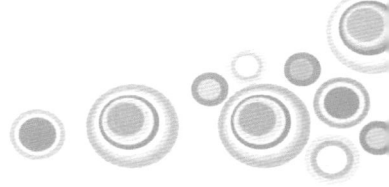

梦想中国语 模拟考试

<YCT 3급 실전 모의고사 4> 본문 및 해석

1. 听力 듣기

第一部分 제1부분

	중국어	병음	한국어
1	她的头发很短。	Tā de tóu fà hěn duǎn.	그녀의 머리는 매우 짧아요.
2	我们快点进教室吧。	Wǒ men kuài diǎn jìn jiào shì ba.	우리 빨리 교실에 들어가자.
3	他的妈妈是中国人。	Tā de mā ma shì zhōng guó rén.	그의 엄마는 중국인이세요.
4	妈妈拿着牛奶进来了。	Mā mā ná zhe niú nǎi jìn lái le.	엄마가 우유를 들고 들어왔어요.
5	我会说汉语。	Wǒ huì shuō hàn yǔ.	저는 중국어를 할 줄 알아요.
6	把书包放桌子上吧。	Bǎ shū bāo fàng zhuō zi shàng ba.	책가방을 책상 위에 놓으세요.
7	我骑自行车回来了。	Wǒ qí zì xíng chē huí lái le.	저는 자전거를 타고 돌아왔어요.
8	这支玫瑰很好闻。	Zhè zhī méi guī hěn hǎo wén.	이 장미의 향기가 매우 좋아요.
9	那是弟弟的铅笔。	Nà shì dì dì de qiān bǐ.	그것은 동생의 연필이에요.
10	妹妹很喜欢绿色。	Mèi mèi hěn xǐ huān lǜ sè.	여동생은 초록색을 매우 좋아해요.

第二部分 제2부분

	중국어	병음	한국어
11	男：你怎么哭了？ 女：我最喜欢的杯子碎了。	Nǐ zěn me kū le? Wǒ zuì xǐ huān de bēi zi suì le.	남: 왜 울었어요? 여: 제가 제일 좋아하는 컵이 깨졌어요.
12	男：伤口处理了一下，还疼吗？ 女：不疼了，谢谢医生！	Shāng kǒu chǔ lǐ le yí xià, hái téng ma? Bù téng le, xiè xie yī shēng!	남: 상처를 좀 처리했는데 아직도 아프세요? 여: 안 아파요. 의사님 고마워요!
13	女：外面下雨了，记得带把伞啊。 男：好，我带着了。	Wài miàn xià yǔ le,jì de dài bǎ sǎn a. Hǎo, wǒ dài zhe le.	여: 밖에 비가 왔는데 우산을 챙겨요. 남: 네, 챙겼어요.
14	男：你也想喝牛奶是吗？ 女：是的，请给我一杯牛奶吧。	Nǐ yě xiǎng hē niú nǎi shì ma? Shì de,qǐng gěi wǒ yì bēi niú nǎi.	남: 우유를 마시고 싶나요? 여: 네, 우유 한잔 주세요.
15	女：下课了记得打个电话给我。 男：好的，妈妈。	Xià kè le gěi wǒ dǎ gè diàn huà. Hǎo de, mā ma.	여: 수업 끝나고 전화해요. 남: 네, 엄마.
16	女：外面很冷吗？ 男：是的，下雪了，我的鼻子都冻红了。	Wài miàn hěn lěng ma? Shì de, xià xuě le, wǒ de bí zi dōu dòng hóng le.	여: 밖에 많이 추워요? 남: 네, 눈이 왔어요.추워서 코가 빨개졌어요.
17	男：不要唱歌了，小明睡觉啦。 女：好的。	Bú yào chàng gē le,xiǎo míng shuì jiào la! Hǎo de.	남: 노래하지 마세요. 샤오밍은 잤어요. 여: 네.
18	女：听说你家里在养鸟？ 男：是的，我爷爷喜欢鸟。	Tīng shuō nǐ jiā lǐ zài yǎng niǎo? Shì de, wǒ yé ye xǐ huān niǎo.	여: 집에서 새를 키우고 있다면서요? 남: 네, 할아버지는 새를 좋아하세요.
19	男：早饭你吃面条吗？ 女：好啊，我要一碗。	Zǎo fàn nǐ chī miàn tiáo ma? Hǎo a, wǒ yào yì wǎn.	남: 아침 식사로 국수를 드실래요? 여: 좋아요. 한 그릇을 주세요.
20	女：你猜猜我给你买了什么礼物？ 男：我猜是一只小猫！	Nǐ cāi cāi wǒ gěi nǐ mǎi le shén me lǐ wù? Wǒ cāi shì yì zhī xiǎo māo!	여: 무슨 선물을 샀는지 맞춰 봐요. 남: 고양이예요!

第三部分 제3부분

	중국어	병음	한국어
21	你说的那个车站在哪儿呢？	Nǐ shuō de nà gè chē zhàn zài nǎ er ne?	말씀하신 기차역은 어디에 있어요?
22	今天你为什么又迟到了？	Jīn tiān nǐ wèi shén me yòu chí dào le?	오늘 왜 또 늦었어요?
23	你们学校有多少名学生？	Nǐ men xué xiào yǒu duō shǎo míng xué shēng?	학교에는 몇 명의 학생이 있어요?
24	吃完饭和我一起打篮球怎么样？	Chī wán fàn hé wǒ yì qǐ dǎ lán qiú zěn me yàng?	밥 먹고 저랑 농구할래요?
25	你上次什么时候来中国的？	Nǐ shàng cì shén me shí hòu lái zhōng guó de?	지난번에 언제 중국에 왔어요?
26	你今天怎么没出去跑步？	Nǐ jīn tiān zěn me méi chū qù pǎo bù?	오늘 왜 밖에 뛰러 안 나가요?
27	你的钱包在书包的哪里？我怎么找不到？	Nǐ de qián bāo zài shū bāo de nǎ lǐ? wǒ zěn me zhǎo bú dào?	지갑은 가방의 어디에? 왜 안 보이지?
28	下次见面的时候我请你吃饭。	Xià cì jiàn miàn de shí hòu wǒ qǐng nǐ chī fàn.	다음에 만날 때 제가 밥 사 줄게요.
29	洗完澡你给妈妈打过电话了吗？	Xǐ wán zǎo nǐ gěi mā ma dǎ guò diàn huà le ma?	샤워하고 엄마한테 전화했어요?
30	妹妹为什么在哭？	Mèi mei wèi shén me zài kū?	여동생 왜 울고 있어요?

第四部分 제4부분

	중국어	병음	한국어
31	男：你喜欢苹果还是香蕉？ 女：我都不喜欢，我喜欢西瓜。 问：女的喜欢什么水果？	Nǐ xǐ huān píng guǒ hái shì xiāng jiāo. Wǒ dōu bù xǐ huān, wǒ xǐ huān xī guā. wèn: Nǚ de xǐ huān shén me shuǐ guǒ?	남: 사과 아니면 바나나를 좋아해요? 여: 저는 다 싫어요. 수박을 좋아해요. 여자는 어떤 과일을 좋아해요?
32	女：老板，我还要一碗面条。 男：您稍等。 问：女的在哪里？	Lǎo bǎn, wǒ hái yào yì wǎn miàn tiáo. Nín shāo děng. wèn: Nǚ de zài nǎ lǐ?	여: 사장님, 국수 한 그릇 더 주세요. 남: 잠시만 기다려 주세요. 여자는 어디에 있어요?
33	男：这些药每天吃三次，一次吃一颗，不要吃错。 女：好的，我记住了。 问：男的是干什么的？	Zhè xiē yào měi tiān chī sān cì, yí cì chī yì kē, bú yào chī cuò. Hǎo de. wǒ jì zhù le. wèn: Nán de shì gàn shén me de?	남: 이 약들은 하루에 세 번, 한 번에 한 알씩 드세요. 잊지 마세요. 여: 네, 잘 기억했어요. 남자의 직업이 뭐예요?
34	男：还有十分钟电影就开始了，我们先找位置坐下来吧。 女：好的。 问：他们现在在哪里？	Hái yǒu shí fēn zhōng diàn yǐng jiù kāi shǐ le, wǒ men xiān zhǎo wèi zhī zuò xià lái ba. Hǎo de wèn: Tā men xiàn zài zài nǎ lǐ?	남: 영화는 10분 남았어요. 우선 자리에 앉아요. 여: 네. 그들은 지금 어디에 있어요?
35	女：这块蛋糕怎么样？ 男：甜甜的，吃完心情都变好了。 问：男的觉得蛋糕怎么样？	Zhè kuài dàn gāo zěn me yàng? Tián tián de, chī wán xīn qíng dōu biàn hǎo le wèn: Nán de jué de dàn gāo zěn me yàng?	여: 이 케이크는 어때요? 남: 달콤해요. 먹고 나서 기분이 좋아졌네요. 남자가 케이크를 어떻게 생각해요?

2. 阅读 읽기

第一部分 제1부분

36. A: 자, 웅크리고 앉아 이 공을 저쪽으로 넘겨 줘요.　　B: 그가 하는 말을 알아들을 수 있어요?

37. A: 내일 아침에 같이 달리기 하러 가는 게 어때요?　　B: 그래요, 기다려요.

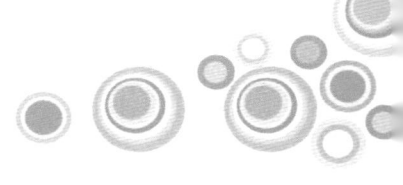

38. A: 안녕하세요. 뭐 드릴까요?   B: 우유 한 병 주세요.
39. A: 왜 멈추셨어요?   B: 이 문제들은 너무 어려워요. 다 못 하겠어요.
40. A: 저기, 홍씨가 있어요?   B: 바로 저인데요. 무슨 일 있어요?

第二部分 제2부분

41. A. 춤을 잘한다고 들었어요.   B. 고기 적게 먹어요. 요즘 살이 쪘어요.   C. 제때에 약을 드세요, 다 나을 거예요.
42. A. 어떤 수업을 좋아해요?   B. 여기 안에 백 원이 있어요. 줄게요.   C. 제 새 치마가 어때요?
43. A. 수박 주스는 누가 시켰어요?   B. 물 드실 래요?   C. 샤오홍은 하루 종일 그림을 그렸어요.
44. A. 너의 펜은 어디예요?   B. 그녀는 오늘 기분이 매우 좋아요.   C. 이따가 같이 수영하러 가요.
45. A. 다시 한 번 봐 주세요.   B. 무슨 면을 좋아하세요?   C. 이 수박은 정말 맛있어요.

第三部分 제3부분

46. 여: 이것은 누구의 펜이에요?   남: 몰라요.
47. 여: 오늘 날씨가 안 좋으니 놀러 가지 마세요.   남: 알았어요.
48. 여: 무슨 동물의 귀가 검은 색이에요?   여: 팬다요.
49. 여: 저기 혹시 호씨세요?   남: 네.
50. 남: 제 어제 입었던 바지를 보셨어요?   여: 봤어요.

第四部分 제4부분

51. 남: 오후에 어디 가요? 수영하러 가는 게 어때요?   여: 아니오, 집에 갈 거예요.
52. 여: 오늘 점심에 우리 뭐 먹을까요?   남: 국수를 먹어요.
53. 남: 만두를 몇 개 더 먹어요.   여: 아니요, 나 진짜 배 불러요.
54. 여: 무슨 색깔을 좋아해요?   남: 저는 노란 색을 좋아하고 초록 색도 좋아해요.
55. 남: 당신 바지 정말 예뻐요.   여: 고마워요. 우리 엄마가 사 주셨어요.
56. 여: 왜 그들과 축구하러 가지 않았어요?   남: 날씨가 나빠서 행사가 임시로 취소됐어요.
57. 남: 눈이 왜 빨갛죠?   여: 아빠와 엄마가 어제 싸웠는데, 저는 너무 슬펐어요.
58. 여: 어제 밤에 얼마 동안 공부했어요?   남: 두 시간이에요.
59. 남: 예전에 베이징에 와 본 적 있어요?   여: 있어요. 이번에는 제가 두 번째로 왔어요.
60. 여: 녹차는 누가 가지고 있나요?   남: 저는 있지만 뜨거운 물이 없어요.

<YCT 3급 실전 모의고사 5> 본문 및 해석

1. 听力 듣기

第一部分 제1부분

	중국어	병음	한국어
1	去动物园看老虎吧。	Qù dòng wù yuán kàn lǎo hǔ ba.	동물원에 호랑이를 보러 갑시다.
2	今天很冷，我要早点睡觉。	Jīn tiān hěn lěng, wǒ yào zǎo diǎn shuì jiào.	오늘은 매우 추워서, 저는 일찍 자려고 해요.
3	其实我很喜欢吃面条。	Qí shí wǒ hěn xǐ huān chī miàn tiáo.	사실 저는 국수를 매우 좋아해요.
4	帮我把那瓶果汁拿过来吧。	Bāng wǒ bǎ nà píng guǒ zhī ná guò lái ba.	그 주스를 좀 가져다 주세요.
5	这个鸡蛋不是很好吃。	Zhè gè jī dàn bú shì hěn hǎo chī.	이 계란은 별로 맛이 없어요.
6	来，我们坐下来画画吧。	Lái, wǒ men zuò xià lái huà huà ba.	자, 우리 앉아서 그림을 그려요.
7	运动完也要休息一下呀！	Yùn dòng wán yě yào xiū xi yí xià ya!	운동하고 나서도 쉬어야 돼요!
8	不好意思，可以开一下灯吗？	Bù hǎo yì si, kě yǐ kāi yí xià dēng ma?	실례하지만 불 좀 켜도 되나요?
9	我们下课去打篮球吧。	Wǒ men xià kè qù dǎ lán qiú ba.	우리 수업 끝나고 농구하러 가자.
10	我的电脑不能上网了。	Wǒ de diàn nǎo bù néng shàng wǎng le.	제 컴퓨터는 인터넷이 안 돼요.

第二部分 제2부분

	중국어	병음	한국어
11	男：你在商店里买了什么？ 女：买了几个面包。	Nǐ zài shāng diàn lǐ mǎi le shén me? Mǎi le jǐ gè miàn bāo.	남: 상점에서 무엇을 샀어요? 여: 빵을 몇 개 샀어요.
12	男：快点起床，要迟到了！ 女：我知道了！	Kuài diǎn qǐ chuáng, yào chí dào le! Wǒ zhī dào le!	남: 빨리 일어나요, 지각하겠어요! 여: 알았어요!
13	女：你看见我弟弟了吗？ 男：他在房间里吃香蕉呢。	Nǐ kàn jiàn wǒ dì di le ma? Tā zài fáng jiān lǐ chī xiāng jiāo ne.	여: 제 동생 봤어요? 남: 그는 방에서 바나나를 먹고 있어요.
14	男：这条裙子你什么时候买的？真好看。 女：我去年买的。	Zhè tiáo qún zi nǐ shén me shi hou mǎi de? zhēn hǎo kàn Wǒ qù nián mǎi de.	남: 이 치마는 언제 샀어요? 참 예뻐요. 여: 작년에 샀어요.
15	女：我们一起去游泳吧， 和你的同学一起怎么样？	Wǒmen yìqǐ qù yóuyǒng ba, hé nǐ de tóngxué yì qǐ zěn me yàng?	여: 네 동창이랑 같이 수영하러 가는 게 어때? 남: 좋아.
16	女：你怎么又生病了？ 男：我的身体一直不太好。	Nǐ zěn me yòu shēng bìng le? Wǒ de shēn tǐ yì zhí bú tài hǎo.	여: 왜 또 아파요? 남: 제 몸이 계속 안 좋았어요.
17	男：你还有什么问题吗？ 女：没有了，谢谢老师。	Nǐ hái yǒu shén me wèn tí ma? nǚ: Méi yǒu le, xiè xie lǎo shī.	남: 아직도 문제가 있어요? 여: 없어요. 선생님 감사해요.
18	女：已经十一点了，快去洗澡，早点睡觉吧 男：好的。	Yǐ jīng shí yī diǎn le, kuài qù xǐ zǎo, zǎo diǎn shuì jiào ba. Hǎo de.	여: 벌써 11시니까 빨리 샤워하고 일찍 자요. 남: 네.
19	男：你怎么哭了？ 女：我的小狗生病了。	Nǐ zěn me kū le? Wǒ de xiǎo gǒu shēng bìng le.	남: 왜 울었어요? 여: 저의 강아지가 아파요.
20	女：你去过北京吗？ 男：去年去过，那里很大很漂亮。	Nǐ qù guò běi jīng ma? Qù nián qù guò, nà lǐ hěn dà hěn piào liàng.	여: 베이징에 가 본 적 있어요? 남: 작년에 갔어요. 매우 크고 아름다웠어요.

第三部分 제3부분

	중국어	병음	한국어
1	洗完澡快点穿衣服，不要感冒了。	Xǐ wán zǎo kuài diǎn chuān yī fu, bù yào gǎn mào le。	샤워하고 옷 입어. 감기 조심해.
2	我喜欢这件绿色的衣服，你觉得怎么样？	Wǒ xǐ huān zhè jiàn lǜ sè de yī fu, nǐ jué de zěn me yàng?	전 이 초록색 옷을 좋아하는데 어때요?
3	听说小明家养了一只小狗？	Tīng shuō xiǎo míng jiā yǎng le yì zhī xiǎo gǒu?	소명 집에 강아지를 키웠다면서요?
4	你妹妹跑去哪啦？	Nǐ mèi mèi pǎo qù nǎ la?	여동생은 어디로 갔어요?
5	今天下午有什么课？	Jīn tiān xià wǔ yǒu shén me kè?	오늘 오후에 무슨 수업이 있어요?
6	你要买多少苹果？	Nǐ yào mǎi duō shǎo píng guǒ?	사과를 얼마나 사시겠어요?
7	你知道小明在哪吗？听说他受伤了。	Nǐ zhī dào xiǎo míng zài nǎ ma tīng shuō tā shòu shāng le。	샤오밍이 어디세요? 다쳤다고 들었어요.
8	外面下雨了，拿把伞再走吧。	Wài miàn xià yǔ le, ná bǎ sǎn zài zǒu ba。	밖에 비가 오니 우산을 들고 가세요.
9	你为什么到现在还不做这道题？	Nǐ wèi shén me dào xiàn zài hái bú zuò zhè dào tí?	왜 아직 문제를 안 풀었어요?
10	已经点了一盘饺子，你还想要点什么？	Yǐ jīng diǎn le yì pán jiǎo zi, nǐ hái xiǎng yào diǎn shén me?	만두 외엔 뭘 더 주문하고 싶으세요?

第四部分 제4부분

	중국어	병음	한국어
31	男：我昨天穿的裤子怎么不见了？你拿去洗了吗？ 女：是的，在外面晾着呢。 问：男的在找什么？	Wǒ zuó tiān chuān de kù zi zěn me bú jiàn le? nǐ ná qù xǐ le ma? Shì de, zài wài miàn liàng zhe ne。 wèn: Nán de zài zhǎo shén me?	남: 어제 입은 바지가 안 보이네요? 씻었어요? 여: 네, 밖에서 말리고 있어요. 남자는 뭘 찾고 있어요?
32	女：吃完饭我们去看电影怎么样？ 男：我们先散会步再看电影吧。 问：他们吃完饭要干什么？	Chī wán fàn wǒ men qù kàn diàn yǐng zěn me yàng? Wǒ men xiān sàn huì er bù zài kàn diàn yǐng ba。 wèn: Tā men chī wán fàn yào gàn shén me?	여: 밥 먹고 우리 영화 보러 가는 게 어때요? 남: 잠깐 산책하고 영화 봅시다. 그들이 밥 먹고 뭐 할 거예요?
33	男：好热啊，我想吃个西瓜。 女：我这儿有，我们一人一半。 问：现在天气怎么样？	Hǎo rè a, wǒ xiǎng chī gè xī guā。 Wǒ zhè er yǒu, wǒ men yì rén yí bàn。 wèn: Xiàn zài tiān qì zěn me yàng?	남: 덥네요. 수박 먹고 싶어요. 여: 여기 있어요. 우리는 반반씩 먹어요. 지금 날씨는 어때요?
34	男：我的钢笔坏了，你能借我一支吗？ 女：在我桌上，你自己拿吧。 问：钢笔在哪里？	Wǒ de gāng bǐ huài le, nǐ néng jiè wǒ yì zhī ma? Zài wǒ zhuō shàng, nǐ zì jǐ ná ba。 wèn: Gāng bǐ zài nǎ lǐ?	남: 제 펜이 고장났는데 하나 빌려 줄 수 있어요? 여: 제 책상 위에 있어요, 직접 가져 가세요. 펜은 어디에 있어요?
35	女：你去过首尔吗？ 男：去过，我2015年去过。 问：男的什么时候去的首尔？	Nǐ qù guò shǒu ěr ma? Qù guò, wǒ èr líng yī wǔ nián qù guò。 wèn: Nán de shén me shí hòu qù de shǒu ěr?	여: 서울에 가 본 적 있어요? 남: 2015년에 가 봤어요. 남자는 언제 서울에 갔어요?

2. 阅读 읽기

第一部分 제1부분

36. A: 어느 우산을 사고 싶어요?   B: 저는 긴 것을 사고 싶어요.
37. A: 왜 팬다가 날지 못 할까요?   B: 날개가 없으니까요.
38. A: 이 글자 어떻게 읽는지 알아요?   B: 저는 몰라요.
39. A: 왜 안 먹어요?   B: 저는 이거 먹고 싶지 않아요. 빵 먹고 싶어요.
40. A: 제가 이걸 입는 게 어때요?   B: 예뻐요.

第二部分 제2부분

41. A. 수업할 때 열심히 들으세요.   B. 네, 제가 빵을 제일 좋아해요.   C. 오늘 저녁 일찍 자요.
42. A. 동물원에 가서 원숭이를 보려구요.   B. 방학 했어요, 같이 돌아가요.   C. 엄마가 사준 새 옷이 예뻐요.
43. A. 이 고양이가 잤어요.   B. 이것은 당신이 주문하신 우유예요.   C. 내일은 제 5번째 생일이에요.
44. A. 이 우유는 누가 시켰어요?   B. 밥은 이미 내가 다 먹었어요.   C. 안녕, 내일 교실에서 봐요.
45. A. 저는 내년에는 3학년이 돼요.   B. 너 아프구나, 병원에 가 봐.   C. 밖에 바람이 많이 불어오.

第三部分 제3부분

46. 남: 안녕하세요, 우유 한 병과 빵 한 개는 얼마예요?   여: 10원이에요.
47. 여: 그가 우유 한 잔을 달라고 했는데 당신은요?   남: 차 주세요.
48. 남: 작년에 어떻게 베이징에 갔어요?   여: 비행기를 타고 갔어요.
49. 여: 내일 같이 수영하러 갈래요?   남: 같이 가요.
50. 남: 버스 정류장과 병원은 멀어요?   여: 가까워요.

第四部分 제4부분

51. 남: 귀는 검은 색인데, 어떤 동물인지 맞춰 봐요?   여: 팬다죠!
52. 여: 왜 그래요? 발이 아픈 거 아니예요?   남: 네, 잠시 쉽시다.
53. 남: 안녕하세요, 무엇을 사겠어요?   여: 국수 한 그릇 사고 싶어요.
54. 여: 병원이 멀어요?   남: 바로 앞에, 아주 가까이 있어요.
55. 남: 밥을 한 그릇 더 먹자.   여: 아니, 나 진짜 배 불러.
56. 여: 밖엔 추우니까 옷을 많이 입어요.   남: 알았어요.
57. 남: 엄마, 배 고파요. 뭐 먹을 거 있어요?   여: 우유밖에 없는데 먹을 래요?
58. 여: 자동차 운전해 본 적 있어요?   남: 아니요, 저는 아직 배우지 않았어요.
59. 남: 교실에는 다섯 명의 학생이 있어요.   여: 빨리 집에 돌아가라고 하세요.
60. 여: 어느 바나나를 먹을래요? 왼쪽 아니면 오른쪽 것을 원해요?   남: 둘 다요.

<YCT 3급 실전 모의고사 6> 본문 및 해석

1. 听力 듣기

第一部分 제1부분

	중국어	병음	한국어
1	这里还有最后一个苹果。	Zhè lǐ hái yǒu zuì hòu yí gè píng guǒ.	여기 사과 하나만 남아 있어요.
2	听说明天是他的生日。	Tīng shuō míng tiān shì tā de shēng rì.	내일은 그의 생일이라고 들었어요.
3	我的桌子坏了。	Wǒ de zhuō zi huài le.	제 책상이 망가졌어요.
4	我从来没有坐过飞机。	Wǒ cóng lái méi yǒu zuò guò fēi jī.	저는 지금까지 비행기를 타 본 적이 없어요.
5	今晚的月亮真好看啊。	Jīn wǎn de yuè liàng zhēn hǎo kàn a.	오늘 밤의 달은 참 아름다워요.
6	喝杯热牛奶再睡觉吧。	Hē bēi rè niú nǎi zài shuì jiào ba.	따뜻한 우유 한 잔 마시고 자요.
7	我的老师今天很高兴。	Wǒ de lǎo shī jīn tiān hěn gāo xìng.	저의 선생님은 오늘 매우 기뻤어요.
8	我们一起去公共汽车站吧。	Wǒ men yì qǐ qù gōng gòng qì chē zhàn ba.	버스 정류장에 같이 갑시다.
9	小明说动物园里还有熊猫。	Xiǎo míng shuō dòng wù yuán lǐ hái yǒu xióng māo.	샤오밍은 동물원에 판다도 있다고 말했어요.
10	妈妈,我明天再给你打电话。	Mā ma, wǒ míng tiān zài gěi nǐ dǎ diàn huà.	엄마, 내일 다시 전화할게요.

第二部分 제2부분

	중국어	병음	한국어
1	男: 你饱了吗? 要不要再吃个包子? 女: 不了, 我很饱了。	Nǐ bǎo le ma? yào bú yào zài chī gè bāo zi? Bù le, wǒ hěn bǎo le.	남: 배부르세요? 만두 하나 더 드실래요? 여: 아니에요, 배불러요.
2	男: 你最喜欢你自己哪个地方? 女: 我最喜欢我的眼睛。	Nǐ zuì xǐ huān nǐ zì jǐ nǎ gè dì fāng? Wǒ zuì xǐ huān wǒ de yǎn jīng.	남: 자신의 어느 곳을 가장 좋아해요? 여: 저는 제 눈이 제일 좋아요.
3	女: 你想喝茶还是果汁? 我家里都有。 男: 给我一杯果汁吧, 谢谢。	Nǐ xiǎng hē chá hái shì guǒ zhī? wǒ jiā lǐ dōu yǒu. Gěi wǒ yì bēi guǒ zhī ba xiè xiè.	여: 차 아니면 주스를 드실래요? 다 있어요 남: 주스 한 잔 주세요. 고마워요.
4	男: 明天又是周一, 又要上学了。 女: 是啊, 好想继续休息啊。	Míng tiān yòu shì zhōu yī, yòu yào shàng xué le. Shì a, hǎo xiǎng jì xù xiū xī a.	남: 내일 또 월요일인데, 또 학교 가야 돼요. 여: 맞아요, 계속 쉬고 싶네요.
5	女: 你的书包呢? 男: 我把它放在椅子上了。	Nǐ de shū bāo ne? Wǒ bǎ tā fàng zài yǐ zi shàng le.	여: 당신의 책가방은요? 남: 의자에 놓았어요.
6	女: 今年生日礼物我收到了一个杯子。 男: 一定很漂亮吧。	Jīn nián shēng rì lǐ wù wǒ shōu dào le yí gè bēi zi. Yí dìng hěn piào liàng ba.	여: 올해 생일 선물로 컵을 하나 받았어요. 남: 예쁘겠네요.
7	男: 我想去动物园看猴子。 女: 我也想去, 我想看看熊猫。	Wǒ xiǎng qù dòng wù yuán kàn hóu zi. Wǒ yě xiǎng qù, wǒ xiǎng kàn kàn xióng māo.	남: 원숭이를 보러 동물원에 가고 싶어요. 여: 저도 가고 싶어요. 팬다도 보고 싶어요.
8	女: 你饿了吗? 这里还有一个苹果。 男: 有点饿, 谢谢你了。	Nǐ è le ma? zhè lǐ hái yǒu yí gè píng guǒ. Yǒu diǎn è, xiè xie nǐ le.	여: 배 고파요? 여기 사과가 하나 있어요. 남: 좀 배 고파요. 고마워요.
9	男: 你喜欢打篮球还是踢足球? 女: 我喜欢打篮球。	Nǐ xǐ huān dǎ lán qiú hái shì tī zú qiú? Wǒ xǐ huān dǎ lán qiú.	남: 농구 아니면 축구하는 것을 좋아하나요? 여: 저는 농구하는 것을 좋아해요.

梦想中国语 模拟考试

20	女：跑完步去洗个澡吧，出这么多汗。 男：好，我知道啦。	Pǎo wán bù qù xǐ gè zǎo ba, chū zhè me duō hà. Hǎo, wǒ zhī dào la.	여: 달리기 하고 샤워해요. 땀이 많이 났어요. 남: 네, 알겠어요.

第三部分 제3부분

	중국어	병음	한국어
21	你们是什么时候认识的？	Nǐ men shì shén me shí hòu rèn shí de?	둘이 언제 만났어요?
22	这是你刚刚画的吗？椅子画歪了。	Zhè shì nǐ gāng gāng huà de ma? yǐ zi huà wāi le.	방금 그리신 거예요? 의자가 비뚤어졌네요.
23	那本书很好看啊，你怎么没买？	Nà běn shū hěn hǎo kàn a, nǐ zěn me méi mǎi?	그 책은 아주 재미 있는데, 왜 안 사요?
24	快点出来，外面下大雪了！	Kuài diǎn chū lái, wài miàn xià dà xuě le!	빨리 나와요, 밖에 눈이 많이 내려요!
25	你怎么心情不好？发生什么事了吗？	Nǐ zěn me xīn qíng bù hǎo? fā shēng shén me shì qíng le ma?	왜 기분이 안 좋아요? 무슨 일이 있어요?
26	把小明叫来和我们一起玩怎么样？	Bǎ xiǎo míng jiào lái hé wǒ men yì qǐ wán zěn me yàng?	샤오밍을 불러 와서 같이 놀면 어때요?
27	听说你的爸爸是中国人？	Tīng shuō nǐ de bà ba shì zhōng guó rén.	아버지가 중국인이라고요?
28	希望我做的这些小事对你有帮助。	Xī wàng wǒ zuò de zhè xiē xiǎo shì duì nǐ yǒu bāng zhù.	제가 한 일이 당신에게 도움이 됐으면 해요
29	好好检查一下书包，不要丢东西啊。	Hǎo hǎo jiǎn chá yí xià shū bāo, bú yào diū dōng xi.	잃어 버리지 않도록 가방을 잘 체크해요.
30	我们什么时候去动物园？	Wǒ men shén me shí hòu qù dòng wù yuán?	우리는 언제 동물원에 갈까요?

第四部分 제4부분

	중국어	병음	한국어
31	女：我穿这件白色的裙子怎么样？ 男：很好看啊，绿色的更好看，你试试。 问：女的试穿的裙子什么颜色？	Wǒ chuān zhè jiàn bái sè de qún zi zěn me yàng? Hěn hǎo kàn a, lǜ sè de gèng hǎo kàn, nǐ shì shì. wèn: Nǚ de shì chuān de qún zi shén me yán sè?	여: 내가 이 하얀 드레스를 입는 게 어때요? 남: 예쁘네. 초록색이 더 예뻐서 입어 봐요. 여자가 입어 본 치마 색깔은 뭐예요?
32	女：这支钢笔是谁送给你的？ 男：我妈买的，可不是别人送的啊。 问：钢笔是谁买的？	Zhè zhī gāng bǐ shì shéi sòng gěi nǐ de? Wǒ mā mǎi de, kě bú shì bié rén sòng de a. wèn: Gāng bǐ shì shéi mǎi de?	여: 이 만년필은 누가 줬어요? 남: 엄마가 사준 거예요.남이 준 건 아니예요 펜은 누가 샀어요?
33	男：几点了？我十点还有课。 女：才九点，还有一个小时呢。 问：几点上课？	Jǐ diǎn le? wǒ shí diǎn hái yǒu kè. Cái jiǔ diǎn, hái yǒu yí gè xiǎo shí ne. wèn: Jǐ diǎn shàng kè?	남: 몇시예요?저는 10시에 수업이 있어요. 여: 9시인데 한 시간 남았어요. 수업은 몇 시에 해요?
34	男：你看到妈妈的杯子了吗？ 女：我放在桌上了啊，妈妈要喝水吗？ 问：他们在找什么？	Nǐ kàn dào mā ma de bēi zi le ma? Wǒ fàng zài zhuō shàng le a, mā ma yào hē shuǐ ma? wèn: Tā men zài zhǎo shén me?	남: 엄마의 컵을 봤어요? 여: 책상 위에 놨어요. 엄마, 물 드실래요? 그들이 뭘 찾고 있어요?
35	女：那个长得很漂亮的女生是谁？ 男：是我的中国朋友。 问：那个中国朋友怎么样？	Nà gè zhǎng de hěn piào liàng de nǚ shēng shì shuí? Shì wǒ de zhōng guó péng you. wèn: Nà gè zhōng guó péng yǒu zěn me yàng?	여: 저 예쁜 여자 누구예요? 남: 제 중국 친구예요. 그 중국 친구가 어때요?

2. 阅读 읽기

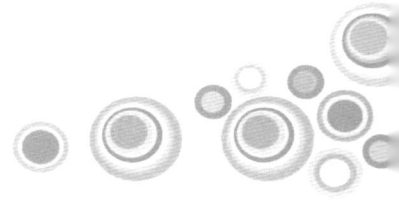

第一部分 제1부분

36. A: 저기 고양이가 있는데 귀여워요.   B: 보자.
37. A: 우리 아빠와 엄마가 또 싸웠어요.   B: 괜찮을 거예요.
38. A: 당신의 동생이 집에 있어요?   B: 없어요. 걔는 농구하러 갔어요.
39. A: 그녀는 밥 먹을 때 절대 말을 안 해요.   B: 좋은 습관이에요.
40. A: 왜 그래요?   B: 저는 어제 다쳐서 발이 아파요.

第二部分 제2부분

41. A. 노래 잘하신다면서요?   B. 당신의 자전거는요?   C. 내일 학교에 가고 싶지 않아요.
42. A. 강아지가 거기 있네요.   B. 병이 나아지려면 제때에 약을 드세요.   C. 무슨 과일 좋아해요?
43. A. 들어오세요, 노크할 필요 없어요.   B. 이건 제 용돈의 전부예요.   C. 고양이도 우유를 마시네요.
44. A. 한 번 더 생각해 볼게요.   B. 그는 하루종일 자전거를 탔어요.   C. 네가 편안하지 않으면 일찍 자요.
45. A. 수박 한 조각 줄게요.   B. 너 배고프니? 빵을 먹을래?   C. 당신의 농구가 어디예요?

第三部分 제3부분

46. 남: 엄마, 방금 산 바나나는?   여: 테이블 위에 놓았어요.
47. 여: 무슨 운동이 좋아요?   남: 다 좋아요.
48. 남: 동물원에서 판다 많아요?   여: 많지 않아요.
49. 여: 저는 그에게 우산을 하나 사 주고 싶은데, 무슨 색깔 좋을까요?   남: 검은 색이요.
50. 남: 이 공책은 누구의 것이에요?   여: 제 친구의 공책이에요.

第四部分 제4부분

51. 남: 당신의 코가 왜 빨갛죠?   여: 밖이 너무 추워요.
52. 여: 밖은 추우니까 옷 많이 입는 거 기억해요.   남: 네, 알았어요.
53. 남: 생일 축하해요!   여: 뭐? 잘못 기억하셨죠? 오늘은 제 생일이 아니예요!
54. 여: 어떤 운동을 좋아해요?   남: 농구하는 것도 좋아하고 수영하는 것도 좋아해요.
55. 남: 안녕하세요, 무엇을 사세요?   여: 주스 한 병 사려고요.
56. 여: 왜 그래요? 발 아픈 거 아니예요?   남: 네, 잠시 쉽시다.
57. 남: 엄마, 배고파요. 뭐 먹을 거 있어요?   여: 국수 있는데 한 그릇 먹을래요?
58. 여: 비가 올겠다, 우산을 가지고 가세요.   남: 너무 고마워요.
59. 남: 할머니가 보고 싶어하셨는데 할머니께 전화했어요?   여: 어제 이미 했어요.
60. 여: 녹차는 누가 가지고 있나요?   남: 전 있어요. 하지만 뜨거운 물이 없어서 못 마셔요.

<YCT 3급 실전 모의고사 7> 본문 및 해석

1. 听力 듣기

第一部分 제1부분

	중국어	병음	한국어
1	这朵玫瑰花真漂亮。	Zhè duǒ méi guī huā zhēn piào liàng.	이 장미꽃은 정말 예뻐요.
2	这个星期，我生了三次病。	Zhè gè xīng qī, wǒ shēng le sān cì bìng.	이번 주에 저는 세 번이나 아팠어요.
3	你感冒了，要去医院吗？	Nǐ gǎn mào le, yào qù yī yuàn ma?	감기에 걸렸는데 병원에 갈까요?
4	我奶奶今年70岁了。	Wǒ nǎi nai jīn nián 70 suì le.	우리 할머니는 올해 70세이세요.
5	他的学习不好，他的爸爸很生气。	Tā de xué xí bù hǎo, tā de bà ba hěn shēng qì.	그는 공부를 잘하지 못해서 그의 아버지는 매우 화났어요.
6	快点洗澡睡觉吧。	Kuài diǎn xǐ zǎo shuì jiào ba.	빨리 샤워하고 자자.
7	我很喜欢吃西瓜！	Wǒ hěn xǐ huān chī xī guā!	저는 수박 먹기를 매우 좋아해요!
8	那是姐姐的裙子。	Nà shì jiě jie de qún zi.	저건 언니의 치마예요.
9	晚上一起吃饺子吧。	Wǎn shàng yì qǐ chī jiǎo zi ba.	저녁에 만두를 같이 먹자.
10	再过几分钟，我就要睡觉了。	Zài guò jǐ fēn zhōng, wǒ jiù yào shuì jiào le.	몇 분 더 지내면, 저는 잠을 잘 것이에요.

第二部分 제2부분

	중국어	병음	한국어
11	男：你和爸爸打过电话了吗？ 女：还没，我现在去打。	Nǐ hé bà ba dǎ guò diàn huà le ma? Hái méi, wǒ xiàn zài qù dǎ.	남：아빠랑 전화했어요? 여：아직이요, 지금 하려고요.
12	男：我们什么时候去动物园？ 女：下周吧，下周放假的时候。	Wǒ men shén me shí hòu qù dòng wù yuán? Xià zhōu ba, xià zhōu fàng jià de shí hòu.	남：동물원에 언제 갈까요? 여：다음 주 방학할 때요.
13	女：听说你喜欢猫？ 男：是啊，猫多可爱啊！	Tīng shuō nǐ xǐ huān māo? Shì a, māo duō kě ài!	여：고양이 좋아해요면서요? 남：맞아요, 고양이가 귀여워요!
14	男：你昨天在哪？怎么没见到你？ 女：我出去买裤子了。	Nǐ zuó tiān zài nǎ? zěn me méi jiàn dào nǐ? Wǒ chū qù mǎi kù zi le.	남：어제 어디에 있었어요? 왜 못 봤어요? 여：바지 사러 나갔어요.
15	女：你怎么哭了？发生什么了？ 男：我家里的鸟飞走了。	Nǐ zěn me kū le? fā shēng shén me le? nán : Wǒ jiā lǐ de niǎo fēi zǒu le.	여：왜 울었어요? 무슨 일이 있어요? 남：제 집의 새가 날아갔어요.
16	女：我再也不想去商店买衣服了，太累了。 男：那你先好好休息吧。	Wǒ zài yě bù xiǎng qù shāng diàn mǎi yī fu le, tài lèi le.	여：다시 가게서 옷을 사고 싶지 않아요. 힘들어요 남：그럼 편하게 쉬세요.
17	男：你妹妹来了吗？ 女：还没有，她在家写作业。	Nǐ mèi mei lái le ma? Hái méi yǒu, tā zài jiā xiě zuò yè.	남：당신의 여동생 왔어요? 여：아직이요, 그녀는 집에서 숙제를 하고 있어요
18	女：你想喝牛奶吗？我在商店，你想要什么我帮你带。 男：我想要一杯果汁。	Nǐ xiǎng hē niú nǎi ma? wǒ zài shāng diàn, nǐ xiǎng yào shén me wǒ bāng nǐ dài. Wǒ xiǎng yào yì bēi guǒ zhī?	여：우유 드실래요? 상점에 있어서 필요한 건 있으면 갖다 드릴게요. 남：주스 한 잔 사 줘요.
19	男：你喜欢吃什么水果？ 女：我最喜欢吃西瓜，甜甜的。	Nǐ xǐ huān chī shén me shuǐ guǒ? Wǒ zuì xǐ huān chī xī guā, tián tián de.	남：어떤 과일을 좋아해요? 여：수박을 좋아해, 달콤해서요.

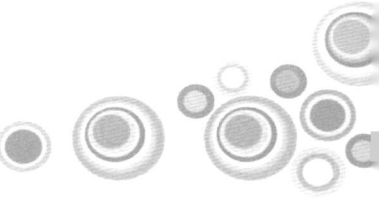

20	女：你弟弟怎么不见了？	Nǐ dì dì zěn me bú jiàn le?	여: 동생 왜 안 보여요?
	男：他还在外面玩儿呢，得晚上才回来。	Tā hái zài wài miàn wán er ne, děi wǎn shà	남: 밖에서 놀고 있어, 저녁 돼야 돌아올 거야.

第三部分 제3부분

	중국어	병음	한국어
1	你的新朋友怎么样？	Nǐ de xīn péng yǒu zěn me yàng?	새 친구는 어때요?
2	外面刮风了，快把门关起来。	Wài miàn guā fēng le, kuài bǎ mén guān qǐ lái.	밖에 바람이 불어요. 문을 닫아 주세요.
3	小明昨天送你什么生日礼物了？	Xiǎo míng zuó tiān sòng nǐ shén me shēng rì lǐ wù le?	소명은 어제 무슨 생일 선물을 줬어요?
4	你要不要喝点什么？这里什么都有。	Nǐ yào bù yào hē diǎn shén me? zhè lǐ shén me dōu yǒu.	뭘 좀 드실래요? 여기에는 다 있어요.
5	你找到我们回家的路了吗？我要往哪走？	Nǐ zhǎo dào wǒ men huí jiā de lù le ma? wǒ yào wǎng nǎ zǒu?	집으로 돌아가는 길을 어떻게 가야 해요?
6	好久不见，你最近怎么样？	Hǎo jiǔ bù jiàn, nǐ zuì jìn zěn me yàng?	오랜만이네요. 요즘 잘 지내요?
7	她也是你的妹妹？你一共有几个妹妹？	Tā yě shì nǐ de mèi mei? nǐ yí gòng jǐ gè mèi mei?	그녀도 여동생요? 여동생 몇 명 있어요?
8	中午要不要再吃点什么？	Zhōng wǔ yào bú yào zài chī diǎn shén me?	점심에 뭐 좀 더 드실래요?
9	我们怎么去公共汽车站？	Wǒ men zěn me qù gōng gòng qì chē zhàn?	어떻게 버스 정류장에 가야 해요?
10	外面天气不好，快下雨了，记得把伞带着。	Wài miàn tiān qì bù hǎo, kuài xià yǔ le, jì de bǎ sǎn dài zhe.	날씨가 나빠서 곧 비와요, 우산 챙겨요.

第四部分 제4부분

중국어	병음	한국어
男：好久不见，你现在上几年级了？	Hǎo jiǔ bú jiàn, nǐ xiàn zài shàng jǐ nián jí le?	남: 오랜만이에요.몇 학년이에요?
女：我已经三年级啦。	Wǒ yǐ jīng sān nián jí la.	여: 저는 벌써 3학년이 됐어요.
问：女的上几年级了？	wèn: Nǚ de shàng jǐ nián jí le ?	여자는 몇 학년이 됐어요?
女：时间不早了，快给奶奶打个电话。	Shí jiān bù zǎo le, kuài gěi nǎi nai dǎ gè diàn huà.	여: 늦었으니 할머니께 전화를 드려요.
男：早上我已经打过啦。	Zǎo shàng wǒ yǐ jīng dǎ guò la.	남: 아침엔 이미 했어요.
问：男的给谁打电话了？	wèn: Nán de gěi shéi dǎ diàn huà le?	남자는 누구에게 전화했어요?
男：前年我去了北京。	Qián nián wǒ qù le běi jīng.	남: 저는 재작년에 베이징에 갔었어요.
女：是吗，我也一直想去呢。	Shì ma, wǒ yě yì zhí xiǎng qù ne.	여: 그래요? 저도 줄곧 가고 싶었어요.
问：男的几年前去了北京？	wèn: Nán de jǐ nián qián qù le běi jīng?	남자는 몇 년 전에 베이징에 갔어요?
男：他可以帮助妈妈做事情了。	Tā kě yǐ bāng zhù mā ma zuò shì qíng le.	남: 그는 엄마를 도와 줄 수 있게 됐어요.
女：不愧是十岁的大孩子了。	Bù kuì shì shí suì de dà hái zi le.	여: 역시 열 살짜리 큰 애이네요.
问：他几岁了？	wèn: Tā jǐ suì le ?	그가 몇 살이에요?
女：出去散步吗？	Chū qù sàn bù ma?	여: 산책하러 갈래요?
男：不了，月亮都出来了。	Bù le, yuè liàng dōu chū lái le.	남: 아니요, 달도 나왔어요.
问：现在可能是几点？	wèn: Xiàn zài kě néng shì jǐ diǎn?	지금이 아마 몇 시예요?

2. 阅读 읽기

第一部分 제1부분

36. A: 해가 나와서 더워요.
37. A: 여기 천 원 있는데 당신의 것이에요?
38. A: 왜 신발 안 신었어요?
39. A: 매일 하교하고 집에 와서 뭐해요?
40. A: 많이 입어요. 일기예보가 곧 비가 올 거라고 했어요.

B: 밖에 나갈 때 우리 옷을 좀 적게 입어요.
B: 제 거 아니에요. 우리 아빠의 거예요.
B: 우린 수영하러 가기로 했잖아요.
B: 저는 평소에 책을 읽어요.
B: 알았어요.

第二部分 제2부분

41. A. 그의 새 바지 정말 멋져요.   B. 의사가 뭐라고 했어요?   C. 이따가 같이 집에 가요. 기다릴게요.
42. A. 오늘 눈이 아주 많이 와요.   B. 친구들과 노래 부르길 좋아해요.   C. 고기를 많이 드세요. 너무 말랐어요.
43. A. 오늘 점심에 국수를 먹고 싶어요.   B. 저는 매일 축구를 하고 싶어요.   C. 그녀는 오늘 정말 옷을 잘 입었어요.
44. A. 이 사과는 정말 맛있어요.   B. 모레는 저의 열 번째 생일이에요.   C. 저녁에 어머니께 전화를 드려요.
45. A. 배고프니? 빵 먹을래?   B. 바나나는 제가 이미 먹었어요.   C. 우리 좀 천천히 가요.

第三部分 제3부분

46. 남: 입은 눈썹의 어느 위치에 있어요?   여: 아래요.
47. 여: 이 바지 어떻게 팔아요?   남: 100위안이에요
48. 남: 엄마한테 언제 전화할 예정이에요?   여: 내일이에요.
49. 여: 밥과 빵, 어느 것을 먹고 싶어요?   남: 다 괜찮아요.
50. 남: 엄마, 방금 샀던 수박은요?   여: 책상 위에 놓았어요

第四部分 제4부분

51. 남: 오후에 어디 가요? 축구하러 가는 게 어때요?   여: 아니오. 집에 갈 거예요.
52. 여: 왜 그들과 함께 달리기하러 가지 않았어요?   남: 날씨가 나빠서 행사가 임시로 취소됐어요.
53. 남: 밖에 아직 추워요?   여: 해가 나와서 아직 좀 추워요.
54. 여: 정류장이 멀어요?   남: 모퉁이를 돌면 바로 도착해요, 가까워요.
55. 남: 왜 코가 빨개졌어요?   여: 방금 밖에 눈이 와서 너무 추워요!
56. 여: 겉은 푸르고 속은 빨간 게 뭔지 아세요?   남: 수박이에요?
57. 남: 안녕하세요. 무엇을 사세요?   여: 바나나 하나 사고 싶어요.
58. 여: 이 책은 서점에서 불티나게 팔렸는데, 보기 어때요?   남: 저는 보기 좋고 읽을만 한다고 생각해요,
59. 남: 주스 한 병 더 마실래요?   여: 아니에요. 전 벌써 배불러요.
60. 여: 밖에 비가 와서 너무 추워요.   남: 밖에 나갈 때 옷을 좀 더 입는 것을 잊지 마요.

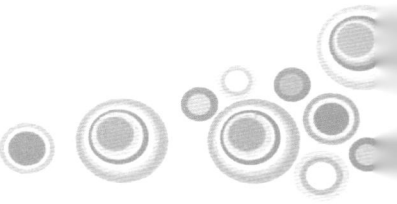

<YCT 3급 실전 모의고사 8> 본문 및 해석

1. 听力 듣기

第一部分 제1부분

	중국어	병음	한국어
1	这四只小狗真可爱。	Zhè sì zhī xiǎo gǒu zhēn kě ài.	이 네 마리 강아지는 정말 귀여워요.
2	我饿了，我想吃面包。	Wǒ è le, wǒ xiǎng chī miàn bāo.	배 고파서 빵을 먹고 싶어요.
3	姐姐，你今天忙吗?	Jiě jie, nǐ jīn tiān máng ma?	언니, 오늘 바쁘세요?
4	我们一起去跑步吧?	Wǒ men yì qǐ qù pǎo bù ba?	우리 같이 달리기 하러 갈까요?
5	这是弟弟的书包。	Zhè shì dì di de shū bāo.	이것은 동생의 책가방이에요.
6	我们去商店买些铅笔吧。	Wǒ men qù shāng diàn mǎi xiē qiān bǐ ba.	우리는 연필을 좀 사러 가게에 갑시다.
7	妈妈，我想买新衣服。	Mā ma, wǒ xiǎng mǎi xīn yī fu.	엄마, 새 옷을 사고 싶어요.
8	这辆自行车已经坏了。	Zhè liàng zì xíng chē yǐ jīng huài le.	이 자전거는 이미 고장났어요.
9	下课之后我们一起去游泳吧。	Xià kè zhī hòu wǒ men yì qǐ qù yóu yǒng ba.	학교가 끝난 후에 우리는 함께 수영하러 갈까
10	明天很冷，记得多穿衣服啊。	Míng tiān hěn lěng, jì de duō chuān yī fu a.	내일은 추우니까 옷을 많이 입어요.

第二部分 제2부분

	중국어	병음	한국어
1	男：该起床了。 女：今天休息，我想再睡半个小时。	Gāi qǐ chuáng le. Jīn tiān xiū xī, wǒ xiǎng zài shuì bàn gè xiǎo shí.	남: 일어나라! 여: 오늘은 쉬는 날이에요. 30분 더 자고 싶어요.
2	男：你昨天怎么没来学校? 女：我生病了，在床上躺了一天。	Nǐ zuó tiān zěn me méi lái xué xiào? Wǒ shēng bìng le, zài chuáng shàng tǎng le yì tiān.	남: 어제 왜 학교에 안 왔어요? 여: 아파서 하루 종일 침대에 누워 있었어요.
3	女：你平时怎么上学? 走路去吗? 男：我骑自行车去。	Nǐ píng shí zěn me shàng xué? zǒu lù qù ma? Wǒ qí zì xíng chē qù.	여: 평소에 학교에 어떻게 가요? 걸어요? 남: 자전거를 타고 가요.
4	男：天快黑了，早点回家吧。 女：好的，明天再见!	Tiān kuài hēi le, zǎo diǎn huí jiā ba. Hǎo de, míng tiān zài jiàn!	남: 날이 곧 어두워지니, 집에 일찍 가세요. 여: 그래요. 내일 또 보자!
5	女：我的书包丢了。 男：我房间里有个书包，你看看是不是你的。	Wǒ de shū bāo diū le. Wǒ fáng jiān lǐ yǒu gè shū bāo, nǐ kàn kan shì bú shì nǐ de.	여: 내 가방을 잃어 버렸어요. 남: 제 방 안에 가방이 있는데 당신 건지 봐요.
6	女：有水吗? 我有点不舒服，想喝热水。 男：给你。	Yǒu shuǐ ma? wǒ yǒu diǎn bù shū fú, xiǎng hē rè shuǐ.	여: 물있어요? 불편해서 따뜻한 물을 마실래요. 남: 여기요.
7	男：今天晚上的月亮真圆啊。 女：是啊，真漂亮。	Jīn tiān wǎn shàng de yuè liàng zhēn yuán a. Shì a, zhēn piào liàng.	남: 오늘 밤의 달이 정말 둥글하네요. 여: 그러네, 참 예뻐요.
8	女：你怎么这么不开心? 男：我踢足球的时候摔了一跤，很疼。	Nǐ zěn me zhè me bù kāi xīn? Wǒ tī zú qiú de shí hòu shuāi le yì jiāo, hěn téng.	여: 왜 이렇게 기분이 안 좋아요? 남: 축구를 하다가 넘어졌어요. 너무 아파요.
9	男：刚刚你旁边坐的是谁啊? 女：是我刚认识的朋友。	Gāng gāng nǐ páng biān zuò de shì shéi a? Shì wǒ gāng rèn shí de péng yǒu.	남: 아까 옆에서 앉았던 분이 누구예요? 여: 방금 알게 된 친구예요.

梦想中国语 模拟考试

20	女：你要不要再吃一碗面条？ 男：不了，我已经很饱了。	Nǐ yào bú yào zài chī yì wǎn miàn tiáo? Bù le, wǒ yǐ jīng hěn bǎo le.	여: 국수 한 그릇 더 드실래요? 남: 아니에요, 벌써 배 불러요.

第三部分 제3부분

	중국어	병음	한국어
21	给我看看除了月亮你还画了什么？	Gěi wǒ kàn kàn chú le yuè liàng nǐ hái huà le shén me?	달 빼고 또 뭘 그렸는지 보여 줘요.
22	请问，这瓶牛奶怎么卖？	Qǐng wèn, zhè píng niú nǎi zěn me mài?	실례합니다만, 이 우유는 어떻게 팔아요?
23	我们晚上一起去跑步好不好？	Wǒ men wǎn shàng yì qǐ qù pǎo bù hǎo bù hǎo?	우리 저녁에 같이 달리기하러 갈까요?
24	今天晚上你想吃什么？	Jīn tiān wǎn shàng nǐ xiǎng chī shén me?	오늘 저녁에 무엇을 먹고 싶어요?
25	你家里养了几只小狗？	Nǐ jiā lǐ yǎng le jǐ zhī xiǎo gǒu?	당신 집에서 강아지를 몇 마리 키웠어요?
26	我家里电视坏掉了，你帮我看看？	Wǒ jiā lǐ diàn shì huài diào le, nǐ bāng wǒ kàn kàn?	제 집에 티비가 고장났는데, 봐 주실래요?
27	喂？小李回家了吗？	Wéi? xiǎo lǐ huí jiā le ma?	여보세요, 샤오리씨는 집에 돌아갔어요?
28	这幅画是谁画的？	Zhè fú huà shì shuí huà de?	누가 이 그림을 그렸어요?
29	飞机场离这里远吗？	Fēi jī chǎng lí zhè lǐ yuǎn ma?	공항은 여기서 멀어요?
30	她怎么了？	Tā zěn me le?	그녀는 어떻게 된 거예요?

第四部分 제4부분

	중국어	병음	한국어
31	男：别哭了，来吃根香蕉吧。 女：我没哭，只是妈妈走了我很伤心。 问：女的为什么伤心？	Bié kū le, lái chī gēn xiāng jiāo ba. Wǒ méi kū, zhǐ shì mā ma zǒu le wǒ hěn shāng xīn. wèn: Nǚ de wèi shén me shāng xīn?	남: 울지 말고 바나나 하나 먹어요. 여: 안 울었어요. 엄마가 가셔서 슬픈 거예요. 여자는 왜 슬퍼해요?
32	女：老虎和猴子哪个更大？ 男：当然是老虎更大啦。 问：哪个更小？	Lǎo hǔ hé hóu zi nǎ gè gèng dà? Dāng rán shì lǎo hǔ gèng dà la. wèn: Nǎ gè gèng xiǎo?	여: 호랑이와 원숭이 중 어느 것이 더 커요? 남: 물론 호랑이가 더 크죠. 어떤 게 더 작아요?
33	男：他打球打累了，坐在地上休息呢。 女：怪不得他全身是汗呢。 问：他为什么休息？	Tā dǎ qiú dǎ lèi le, zuò zài dì shàng xiū xi ne. Guài bù dé tā quán shēn shì hàn ne. wèn: Tā wèi shén me xiū xi?	남: 그는 농구에 지쳤고, 바닥에서 쉬고 있어요. 여: 어쩐지 온몸이 땀이에요. 그는 왜 쉬어요?
34	男：听说这部电影很好看，你看过吗？ 女：我前天刚看过。 问：女的什么时候看过这部电影？	Tīng shuō zhè bù diàn yǐng hěn hǎo kàn, nǐ kàn guò ma? Wǒ qián tiān gāng kàn guò. wèn: Nǚ de shén me shí hòu kàn guò zhè bù diàn yǐng?	남: 이 영화가 정말 재미있대요. 봤어요? 여: 저 그저께 봤어요. 여자는 언제 이 영화를 봤어요?
35	女：你会写"鱼"字吗？ 男：这是什么字？我都没有听过！ 问：男的会写"鱼"字吗？	Nǐ huì xiě "yú" zì ma? Zhè shì shén me zì? wǒ dōu méi yǒu tīng guò! wèn: Nán de huì xiě "yú" zì ma?	여: "鱼"를 쓸 줄 아세요? 남: 무슨 글자요? 전 들어보지도 못 했어요! 남자가 '鱼'를 쓸 수 있어요?

2. 阅读 읽기

第一部分 제1부분

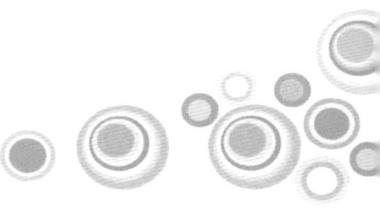

36. A: 뭐 하는 거예요? 아직 안 자요? B: 그림 그리고 있어요.
37. A: 하교하면 집에 일찍 가요. 밖에서 놀지 마세요. B: 알았어요.
38. A: 그것의 코는 매우 길고, 그것은 내가 본 가장 큰 동물이에요. B: 그것의 코는 물을 뿜기도 할 수 있어요.
39. A: 반찬만 먹지 말고 고기 좀 먹어요. B: 먹고 있거든요.
40. A: 이 과일은 겉은 빨간데 속은 의외로 빨간색이네요. B: 그래요, 너무 신기해요.

第二部分 제2부분

41. A. 그의 새 가방은 정말 아름답네요. B. 빵과 국수중에 어느 것을 먹고 싶어요? C. 뭐 좀 마시고 싶으세요?
42. A. 도착을 환영해요. B. 이것은 당신이 주문하신 국수예요. C. 왜 또 아파요?
43. A. 고양이는 어디로 갔어요? B. 오늘 비가 아주 많이 왔어요. C. 춤 좀 춰 주시겠어요?
44. A. 강아지가 우유를 마셔요? B. 이틀만 더 지나면 저는 다섯 살이에요. C. 밥은 먹고 싶어요.
45. A. 안녕, 내일 학교 문 앞에서 만나요. B. 빨리 갈 수 있어요? 곧 늦겠어요. C. 주스 아니면 우유를 마실래?

第三部分 제3부분

46. 남: 안녕하세요. 수박 한 개에 얼마예요? 여: 10위안이에요.
47. 여: 이 치마는 어떻게 팔아요? 남: 150위안이에요.
48. 남: 코는 눈썹에 어디에 있어요? 여: 아래요.
49. 여: 내일 같이 놀러 갈래요? 남: 같이 가요.
50. 남: 한자 입을 어떻게 쓰는지 아세요? 여: 알아요.

第四部分 제4부분

51. 남: 생일 축하해요! 여: 감사해요. 저는 너무 즐거워요.
52. 여: 보통 학교에 어떻게 가요? 남: 우리 아빠가 차로 데려다 주세요.
53. 남: 우리 교실은 어느 방이에요? 여: 왼쪽 방이에요. 오른쪽 이 방은 사무실이에요.
54. 여: 어느 수박을 원하니? 큰 것 아니면 작은 것? 남: 둘 다요.
55. 남: 밖에 아직 덥나요? 여: 비가 많이 와서 이주 더운 편이 아니예요.
56. 여: 어떤 음식을 좋아하세요? 남: 저는 물만두도 좋아하고 만두도 좋아해요.
57. 남: 엄마와 그렇게 오랫동안 떨어져 있었는데 통화했나요? 여: 저 어제 했어요.
58. 여: 녹차는 누가 가지고 있나요? 남: 저는 있는데 뜨거운 물이 없어서 못 마셔요.
59. 남: 이 책은 서점에서 잘 팔렸어요. 어때요? 여: 저는 아주 재미있다고 생각해요. 볼 만해요.
60. 여: 밖이 매우 추워요. 옷을 많이 챙겨 입어요. 남: 네, 알았어요.

<MP3 파일 & 시험 답안 무료 다운!>

이 책에 관련된 MP3 음성 파일과 모의 시험의 답안은 드림중국어 카페 (http://cafe.naver.com/dream2088)를 회원 가입한 후에 다운 받으실 수 있습니다.

MP3 파일 다운로드 주소: https://cafe.naver.com/dream2088/3817

시험 답안 다운로드 주소: https://cafe.naver.com/dream2088/3818

드림중국어 1:1 화상 수업

드림중국어 원어민 수업 체험 예약 (30분)

QR 코드를 스캔해서 중국어 수업을 체험 신청하세요.

(네이버 아이디로 들어감)

ZOOM 1:1 수업, 휴대폰/태블릿/컴퓨터로 수업 가능

드림중국어 대면 수업

드림중국어 인천 **청라점**

주소:	인천 청라국제도시

상담 전화:	**032-567-6880**

드림중국어 강남 **대치동점**

주소:	서울시 강남구 대치동

상담 전화:	**010-5682-6880**

<드림중국어 시리즈 교재>

책 제목	책 제목
드림중국어 왕초보 탈출 1 (HSK 1급)	드림중국어 YCT 1-4급 실전 모의고사 (세트)
드림중국어 왕초보 탈출 2 (HSK 2급)	드림중국어 YCT 회화 (초급) 실전 모의고사
드림중국어 중급 듣기 1 (HSK 3급)	드림중국어 YCT 회화 (중급) 실전 모의고사
드림중국어 초급 회화 600 (HSK 3급)	드림중국어 HSK 1-6급 실전 모의고사 (세트)
드림중국어 중급 회화 600 (HSK 4-5급)	드림중국어 HSKK 초급 실전 모의고사
드림중국어 고급 회화 800 (HSK 5-6급)	드림중국어 HSKK 중급 실전 모의고사
드림중국어 신 HSK 초.중급 필수 단어	드림중국어 HSKK 고급 실전 모의고사
드림중국어 신 HSK 고급 필수 단어	드림중국어 수능 기출 문제집 (세트)
드림중국어 신 HSK 초급 문법	드림중국어 수능 대비 문제집 (세트)
드림중국어 신 HSK 중급 문법	드림중국어 실용 회화 시리즈 (세트)
드림중국어 신 HSK 고급 문법	드림중국어 수능 단어 총정리 (세트)
드림중국어 한자쓰기 초.중급	드림중국어 중국 어린이 동요 100 (세트)
드림중국어 한자쓰기 중급/고급 (세트)	드림중국어 중국 어린이 시 100
드림중국어 중급 읽기 1-4 (중국 문화 이야기)	드림중국어 중국 시 100
드림중국어 고급 읽기 1-2 (중국 문화 이야기)	드림중국어 중국 명인 명언 100 (세트)
드림중국어 SAT2 대비 문제집 (세트)	드림중국어 MCT (의학 중국어 시험) 단어
드림중국어 고급 회화 1 (TSC, HSKK 고급)	중국 아이들이 좋아하는 동화 이야기 (세트)
드림중국어 고급 단어 5000 (HSK 1-6급)	드림중국어 중국 인기 노래 100 (세트)

<드림중국어> 출판사 전화: 010-9853-6588